AF191936

Herzschlag
DES
UNIVERSUMS

TAKE AWAY
FÜR DIE SEELE

MANUELA
SCHONEVELD

novum pro

Dieses Buch ist auch als
e-book
erhältlich.

www.novumverlag.com

Bibliografische Information
der Deutschen Nationalbibliothek:

Die Deutsche Nationalbibliothek
verzeichnet diese Publikation in
der Deutschen Nationalbibliografie.
Detaillierte bibliografische Daten
sind im Internet über
http://www.d-nb.de abrufbar.

Gedruckt in der Europäischen Union
auf umweltfreundlichem, chlor- und
säurefrei gebleichtem Papier.

© 2022 novum Verlag

ISBN 978-3-99131-334-2
Lektorat: Leon Haußmann
Umschlagfoto:
Rawpixelimages | Dreamstime.com
Umschlaggestaltung, Layout & Satz:
novum Verlag

www.novumverlag.com

Climate neutral
Print product
ClimatePartner.com/16547-2201-1002

Take Away für die Seele
Nimm, was du brauchst Manuela Schoneveld

Es gibt so viele Sichtweisen, Bilder und Möglichkeiten, ein Leben, Menschen, Situationen zu betrachten. Du musst nur den Platz wechseln. Und jeder Blickwinkel offenbart etwas Neues, Anderes, was vorher nicht sichtbar war. Und je offener wir sind und je mehr wir uns erlauben, verschiedene Perspektiven einzunehmen, desto vielfältiger, farbenfroher, lebendiger, reicher und wunderbarer erscheint das Leben selbst. Und umso mehr kommen wir aus der Beurteilung raus. Denn du erkennst, dass es keine eine Wahrheit gibt. Sondern viele, doch letztlich nur eine. Und jede Betrachtung hat ihre eigene. Am Ende des Tages sind es nur verschiedene Möglichkeiten, Varianten und gelebte Potentiale der Schöpferkraft, die wir sehen, leben, nutzen, lieben. Das Leben, unser Sein. Und so nehme ich dich mit auf meine Reise der Betrachtungen. Eine Reise bis in feinstoffliche Bewusstseins- und Transformationsprozesse von uns Menschen. Meine Reise zu mir selbst. Denn alles, wonach ich je suchte, war ich selbst und der Herzschlag des Universums.

Wiedergeburt

Unser Schiff fährt Richtung Hafen ein. Viele Menschen befinden sich mit mir auf ihm. Alle darauf wartend, endlich sicheren Boden unter den Füssen zu haben. Denn die See war stürmisch, wild und rau. Sie hatte an unseren Kräften gezehrt und bei allen Spuren der Erschöpfung hinterlassen. Froh, endlich angekommen zu sein. Doch bevor das Schiff anlegt und wir aussteigen können, fängt es an zu sinken. Es geht alles ganz schnell und doch auch nicht. Jedenfalls nicht in meiner Wahrnehmung. Denn ich bin mittendrin und schaue dem Geschehen gleichzeitig von außen zu. Ich sehe die Gesichter der Panik und Angst in den Leuten, die mit dem Schiff gereist waren. Sie erinnerten mich an die dunklen, stürmischen Tage auf der Weite des Meeres. Es hat von der Energie her die gleichen trostlosen, eher düsteren Farben. Das Schiff hebt vorne etwas hoch, um zugleich im Sinkflug seine Tauchfahrt in die Tiefe des Meeres zu beginnen. Ich bin in meinem Körper und auch nicht. Bewusst entscheide ich, nicht dagegen anzugehen, nicht um mein Leben zu kämpfen, sondern es einfach geschehen zu lassen. Und so tauche ich ab, in die Tiefe des Meeres. Lasse mich fallen und runterziehen. Vom Sog des sinkenden Schiffes und der Tiefe des Meeres. Ich sehe mich und meinen Körper und bin dennoch in meinem Körper. Nehme wahr, wie der Sauerstoff knapp wird, mich der Atem verlässt. Fühle mich eins mit dem Wasser, welches mich umgibt. So treibe ich nach unten, in eine Art Schwerelosigkeit. Ich lasse alles los und sein. Ergebe und übergebe mich diesem. Und je tiefer ich nach unten gleite, desto stiller wird es. Und desto größer erscheint mir die Tiefe des Meeres, als Ausdruck des Universums. Mein Körper hat keine Luft mehr. Der letzte Atemzug, in der Tiefe des Meeres. Und ganz natürlich atme ich das Wasser durch meine Nase ein. Wie Fruchtwasser, welches das Ungeborene umgibt. Fast am Meeresboden angekommen, erfasst sie mich. Eine große, aus dem Meeresboden steigende Kraft.

Wie eine Riesenwelle, die sich aus dem Meeresboden erhebt, im Meer unter Wasser. Sie erfasst mich und trägt mich nach oben, Richtung Licht, welches sich an der Wasseroberfläche spiegelt und seine Strahlen ins Wasser gleiten lässt. Ich werde gehoben, aus dem Wasser heraus. Und ich schaue ins Licht. Neu geboren.

Der Fluss des Lebens

Langsam und bedacht folge ich dem Weg zum Bootssteg. Jeder Schritt ist bewusst gesetzt und geführt. Gleichzeitig getragen von einer viel größeren Kraft. Der Kraft des Seins. Tiefe Demut und Dankbarkeit erfüllt mich. Durchströmt mein ganzes Sein. Begleitet von einem Hauch Wehmut und der Erinnerung des Schmerzes. So fühlt sich Frieden an. Bereit, meine letzte Reise, auf diesem Abschnitt des Flusses des Lebens anzutreten. Eine Fahrt des Friedens. Es ist ein heiliger Akt. Ein letzter Akt der Rückschau, durch die Vergangenheit. Um sie dann endgültig loszulassen, hinter mir zu lassen. Doch dieses Mal mit den Augen des Friedens und der Liebe.

Friedensfahrt auf dem Fluss des Lebens

Es war ein langer, beschwerlicher, einsamer und schmerzvoller Prozess und Weg der Heilung. Es fällt meinem Körper schwer, frei durchzuatmen. Er ist bedeckt von all den vielen Narben, die keine Körperstelle verschonten und die sich wie eine dicke Schutzhülle um mich herum – Schicht für Schicht – gebildet hatte. Und je mehr die Zeit verstrich, umso robuster und härter wurde die Kruste und Schicht. Wurde eine Art Schutz und Mantel. Wetterfest, den Naturgewalten trotzend, steif und unansehnlich. Ein unsichtbarer Mantel, in dem sich die Last der Vergangenheit eingebrannt hatte. Narben der Erinnerungen, als Spuren an die schmerzhaften, durchlaufenen Prozesse, die das Leben für mich hatte. Narben, die Zeugen meiner unzähligen seelischen und körperlichen Verletzungen und Wunden wurden. Eher unansehnlich und abstoßend. Kein Kleidungsstück, welches du auf der Stelle haben und kaufen möchtest. Ich hatte versucht, ihn loszuwerden. Keine Chance. Und so wurde er zu einer zweiten Haut und Schutzhülle. Ein Ausdruck, Spiegel- und Sinnbild der

Verunstaltung und Hässlichkeit, die Wunden und Verletzungen mit sich bringen können. Sein hässliches, unattraktives Äußeres hatte seine ursprüngliche Reinheit, Schönheit, Vielfalt, Leichtigkeit und Freude vergraben. In Dunkelheit gehüllt. Komplett verdeckt, abgeschottet, zugeschüttet und versperrt. Es nach außen unansehnlich wirken lassen. So, dass niemand wirklich diesen innewohnenden Schatz & Wert sehen kann. Oder will? Und je mehr Verletzungen und Wunden dazukamen, desto abstoßender wurde er nach außen. Den Kern umschließend. Wie ein Kokon, welcher in sich das Wunder des Lebens birgt. In dem erstaunliche Prozesse stattfinden und die Kraft der Alchemie ihre wahre Magie vollzieht.

Dieses Wissen habe ich gehütet, bewahrt und gut beschützt. Nach außen nicht sichtbar. Höchstens erahnend, denn man nahm gerne von mir. Bis der Mantel immer größer, schwerer, dunkler, fester und steifer wurde, sodass meine Erinnerung an dieses Wissen verblasste. Nur der Hauch von Ahnung blieb da. Zart, wie eine leichte Brise, die deine Wangen küsst. Es ist Zeit, den alten, abgenutzten Mantel der Narben und ihre damit verbundenen Erinnerungen abzuwerfen. Er ist abgetragen, hat in seiner Funktion ausgedient. Ich habe ihn all die Jahre mit mir getragen und gepflegt.

Es war das Einzige, was ich hatte, woran ich festhalten konnte und was ich lange besaß. Er diente mir als Schutz, der sich mit der Zeit in eine Last umwandelte. Unhandlich, unpraktisch, mehr hinderlich als nützlich. Bewegungseinschränkend, schwer und beengend. So, dass ich nicht mehr vorwärtskam und stecken blieb. Unter der Last begraben wurde.

Es war nicht ein bestimmter Tag, als ich das letzte Mal unter dieser Last zusammenbrach und einfach nicht mehr aufstehen konnte. Bewegungslos wurde. Ein Total-Zusammenbruch auf emotionaler, seelischer, geistiger und körperlicher Ebene. Es war eine Reihe an Ereignissen, die sich über Tage, Wochen, Monate und Jahre vollzog. Bis ich diese Bürde nicht mehr tragen konnte und wollte. Es sollte einfach nichts mehr gehen. Absoluter Stillstand. Meine Ressourcen waren ausgeschöpft und komplett verausgabt. Und so verschwand ich in der Verpuppung des Mantels und ihrem unscheinbaren Sein. In äußerer Stagnation gefangen gehalten. Das Ende einer Ära. Doch die eigentliche Arbeit, der eigentliche Prozess sollte damit erneut beginnen. Im Innern. An der Anlegestelle zu meinem Boot, welches mich auf dem Fluss des Lebens weiterführen wird, befindet sich der Reigen jener, die mich auf den vergangenen Abschnitten meines Lebens begleitet haben. Sie bilden einen lichtvollen Bogen, den ich durchschreite, um meinen Fuß auf das Boot zu setzen. Es ist ein heiliger Moment. Ein universeller und ehrfürchtiger Akt, dessen Präsenz die Atmosphäre erfüllt. Die Präsenz bedingungsloser, allumfassender Liebe, die alles trägt. Es ist die Präsenz der kosmischen Ordnung, die Zeuge dieses Augenblickes ist. Mich überwältigt und still zugleich sein lässt. Ich fühle mich über alle Maßen gesegnet und reich beschenkt. Tränen der Rührung, tiefen Freude und des Glücks fließen, wie ein kleiner Bach über meine Wangen, wo sie sich ihren Lauf suchen. Die Berührungen mit dem Frieden und der Liebe, die allem Sein zu Grunde liegt. Wie ich diesen Schauer kraftvoller, wärmender Liebe und Heilung, die meinen Körper durchströmt, genieße. Er diente mir als Balsam für meine Seele. Eine Erinnerung, wer und was ich wirklich bin und war. Woher ich komme. Es war diese Führung und Kraft, die mich mein Herz hat finden lassen, welches ich so fest verschlossen, versteckt und vergraben hatte. Geschützt habe. In der Unendlichkeit des Seins. Verloren und vergessen glaubte, auf dem Weg, der sich Leben nennt. Alles für eine gefühlte Ewigkeit. Versteckt unter der dicken Hülle des Mantels der Narben und Wunden. Alle Anwesenden waren an diesem Heilungsprozess beteiligt, welcher mir half, mich auszusöhnen, zu heilen, meinen Frieden zu finden und ihn zu schließen. Frieden mit mir, dem Leben, der Kraft des Lebens, mit den Menschen, Situationen und Gegebenheiten. Mit allem, was war und ist. Hinter den lichtvollen Präsenzen, die einen Bogen auf dem Bootssteg bildeten, sehe ich vertraute Gesichter. Menschen, Freunde, Bekannte, die zu mir schauen. Einige lächeln, nicken mir wohlwollend zu. Jene, die mir ihre Freundlichkeit, Dankbarkeit und

Wertschätzung schenkten. Mir ihre Unterstützung zukommen ließen und die Hand reichten, wenn ich sie am nötigsten hatte. Mir Mut zusprachen und Zuversicht schenkten, ihren Segen gaben. Auf meiner Reise im Fluss des Lebens. Doch auch alle anderen waren anwesend. Ich hatte vergessen, dass es so viele waren. Denn es war ein langer Weg, den ich bis hierher zurückgelegt hatte. Und die Last des Mantels der Narben und Verletzungen, der mit der Zeit immer dunkler und schwerer wurde und zu meiner Schutzhülle mutierte, hatte meine ganze Energie und Aufmerksamkeit gekostet.

So, dass ich sie vergaß, oder nicht mehr richtig erkennen, erinnern konnte. Dennoch war ich dankbar für jeden Einzelnen von ihnen. Und so tauchen sie alle nacheinander auf. Kommen hinter anderen zum Vorschein, damit ich sie sehe und erkenne, wofür sie in meinem Leben standen. Dankbarkeit und Mitgefühl erfüllt mein Herz. Für mich, aber auch für jeden einzelnen von ihnen. Sie schauen auf jeden Schritt, den ich setze, in Richtung auf das Boot. Keiner von ihnen kommt mit oder begleitet mich auf diesen Abschnitt meiner Reise, der mich in neue, unbekannte Wasser leiten wird. Und so steige ich in das heilige Boot und nehme Platz. Meine Kinder an meiner Seite. Von Wächtern des Schutzes begleitet. So legt das Boot ab. Göttlich geführt. Und ich fühle mich eins mit der universellen Kraft, dem Leben, welches die Führung übernommen hat. Es immer tat. Ich schaue mich um, in die Weiten der Ferne. So fühlt sich Frieden an.

Wenn der Schleier der Illusionen sich lüftet

Ich atme tief ein und durch. Beseelt, mit meinen Kindern an der Seite. Zeit, den Mantel abzustreifen, den ich zurücklassen werde. Hier auf diesem Abschnitt der Vergangenheit, den ich ein letztes Mal bereise. Und so schweift mein Blick über all die Narben der einstigen Wunden und Verletzungen auf diesem Mantel und den damit verbundenen Erfahrungen und Erinnerungen. An die vielen ausgestandenen Kämpfe, Anfeindungen, Aggressionen, Konflikte, Feindseligkeiten. Auf den Hass und Zorn, der mir begegnet war und all die damit verbundenen Schwierigkeiten. Erinnerungen an die Schwere, die sie mit sich brachten, die unfassbare Trauer, Einsamkeit und Leere. Die mich so erfasst und eingenommen hatte. Sprachlos, fassungslos, ohnmächtig sein ließ. Für sehr, sehr lange Zeit. Erfahrungen, die mein Leben bestimmt und vorgegeben hatte. Welches mit meiner Geburt in ein Ungleichgewicht startete. Wie ein Rutsch direkt ins blutüberströmte Messer. Weit entfernt von dem, was sich Gleichgewicht nennt. Wo Geben und Nehmen von vornherein verdreht schienen, aber auch feststanden. Von mir wurde erwartet, verlangt und genommen. Und ich hatte nicht das Recht, etwas einzufordern, geschweige denn, Bedürfnisse oder Gefühle zu haben. Und weil ich es nicht anders kannte, es zu meiner Normalität gehörte, tat ich dies. Ich war für die Gebende und bringende Seite zuständig. Und weil ich grundsätzlich freundlich und empathisch veranlagt war und irgendwie damit klarkommen musste, nahm ich es so hin und an. Wurde konditioniert, dass dies der Normalzustand ist. Meine Rolle war festgelegt. So bildeten sich in frühen Jahren die Überzeugungen und Identifikationen: dass es normal ist, zu geben, was andere verlangen, erwarten, ohne dem etwas entgegenzusetzen. Wenn ich nur genug gebe, leiste, mache und tue, dann bekomme ich vielleicht etwas zurück. Und, wenn ich nichts zurückbekomme, dann habe ich nicht genug gegeben, nicht genug geleistet. Doch diese Glaubenssätze sollten meine größten Irrtümer und Blockaden werden. Denn daraus entwickelten sich ganz schnell viele weitere. Was ich auch tat, leistete oder gab, es reichte nicht aus, war nie genug. Ich war nicht genug. Außer Ignoranz, Hass, Kälte, Rücksichtslosigkeit und Gewalt kam nichts zurück. Und so manifestierten sich diese Überzeugungen und diese Glaubenssätze zu einer unfassbaren Größe, die ihresgleichen sucht. Wenn ich um etwas fragte oder eigene Bedürfnisse zum Ausdruck brachte, war es immer zu viel. Ich war zu viel. Eine Belastung. Und so war ich sehr früh in meinem Leben hin und hergerissen zwischen: Nicht genug sein und genügen und viel zu viel, belastend und unerwünscht. Ich musste dafür kämpfen lernen, um überhaupt existieren zu können. Um wahrgenommen und respektiert zu werden. Ich kannte nur das Geben und Genommen. Was ich zu geben hatte, wurde genommen, um mich mit nichts zurückzulassen. Ich schien ein unsichtbares Schild, Label zu tragen. Wo drauf stand: Komm nur, mit mir kannst du alles machen. So wurde ich konditioniert, programmiert. Ignoriert, höchstens Mal toleriert, nicht anerkannt, war unerwünscht, nicht gesehen, nicht gehört, nicht wahrgenommen. Aufrichtigkeit, Respekt, Wertschätzung, Liebe, Zuwendung und Akzeptanz waren Fremdwörter in der Welt, wo ich landete. Erfahrungen, die den Weg blockierten und versperrten, mein wahres Selbst auszudrücken, ich selbst zu sein, zu leben. Und so hat mich die Last des Mantels angefangen zu erdrücken und runterzuziehen. Wollte mich einfach nicht mehr loslassen. Er hat mich an die Grenzen der Verzweiflung und Ohnmacht geführt, wo es keinen Platz und Raum für anderes gab. Er ist Zeuge all des Schmerzes und der tiefen Trauer, die ich durchlaufen habe. Er hat mich auf die Knie gezwungen, mich zur totalen Aufgabe und zum Loslassen geführt, die dem Sterben gleichkommt. Leider mehr als einmal. Stürze in bittere Verzweiflung, wo Hoffnung nur ein Wort ohne Bedeutung ist. All die Zweifel, Wut, der Gram und Zorn, die ich so lange mit mir geführt, übernommen und getragen hatte. Die neben der Trauer eine Leere mit sich brachte. Ignoranz kann so weh tun. Genauso wie die Frage: Du hältst dich wohl für was Besseres? Ich habe die Welt nicht verstanden. Jedenfalls nicht die, in der ich jeweils gelandet bin. Jeder Versuch, dagegen anzugehen, scheiterte und war ein weiterer Schritt in den Sog der Verzweiflung. Wie ein Geschwindigkeitszug ohne Bremsen, der geradezu in Richtung Abgrund rast.

Ich hebe meinen Blick vom Mantel und lasse ihn in die Landschaft schweifen. Es ist so ruhig, friedlich und still. Ich genieße die Friedensfahrt auf diesem Abschnitt des Flusses des Lebens. Sie ist eingebettet in Harmonie. Sie ist mein Abschied von der

Last der Vergangenheit, die nie mehr so sein wird, wie ich sie einst sah oder erfahren hatte. Denn der Schleier der Illusionen hatte sich gelüftet. Und ich konnte hervortreten. Und so folgt ein letzter Akt des Rückblickes, ein letztes Mal Revue passieren lassen, ein letztes Durchlaufen der Emotionen, dieser ausgetragenen Kämpfe und Konflikte. Doch dieses Mal, ohne damit identifiziert zu sein, mit den Augen des Friedens, den ich gefunden und dem ich mich versprochen habe. Ein letztes Durchlaufen des Portals der Spiegel. Hier erscheinen sie, in unzähligen Formen und Varianten. Spiegelbilder deines Selbst. Jeder Spiegel ein Anteil, ein Aspekt von dir. Auch das, was du am liebsten nicht sehen möchtest, gemieden hast oder meiden möchtest. Doch hier kommst du nur durch, wenn du reinen Herzens bist und ehrlich zu dir selbst sein kannst. Jeder Spiegel zeigt eine andere Seite, einen anderen Aspekt von dir. Und du hast in jeden einzelnen, verdammten Spiegel zu schauen. Von Angesicht zu Angesicht. Ohne Make-up, natürlich und ungeschminkt. Da führt kein Weg dran vorbei. Gleich, wie du dich auch weigern magst. Sie spiegeln dir Bilder deiner Gedanken, Handlungen, Taten, Kämpfe, Konflikte, Verhalten, Intentionen, Emotionen, Entscheidungen wider. Welche es anzuerkennen gilt. Hier hast du die Begegnung mit der Bescheidenheit. Die einzige Chance, in Frieden zu kommen, Frieden zu schließen, Heilung zu erfahren. Wo geheilter Schmerz sich in Weisheit wandelt.

Im Wasser, um das Boot, kreisen Krokodile und Alligatoren, die als Symbol für die regressiven, niederen, anstrengenden, begrenzenden Aspekte und Anteile des menschlichen Seins verstanden werden dürfen. Große, kleine, in allen Größen und Erscheinungsformen. Der Fluss ist voll davon. Sie sind beeindruckend, faszinierend und tragen ihre eigene Schönheit mit sich. Ihre krustige, robuste Haut hat Ähnlichkeit mit meinem Mantel. Nur dass dieser verbrauchter, schmutziger und abgenutzter aussieht. Das Wasser in diesem Abschnitt ist ruhig, klar und friedlich. Sodass wir sie deutlich in ihren gesamten Erscheinungen sehen. Manche schwimmen über- und aufeinander. So viele haben sich versammelt. Einige starren uns mit großen, wachen

Augen an. Sie machen mir keine Angst mehr. Die hatte sich inzwischen in Respekt verwandelt. Sie können mir nichts mehr anhaben. Doch das genieße ich mit Vorsicht. Sie präsentieren sich friedlich. Doch der Schein kann trügen, was ich nicht mehr unterschätzen werde. Das habe ich gelernt. Ich habe ihre Existenz akzeptiert und die Bewertungen, Beurteilungen rausgenommen. Sein gelassen. Es ist, was es ist.

Konditioniert zu überleben
(im Reich der Gefühle, des Verstandes und des Körpers)

Nur allzu gut kenne ich ihre Eigenschaften und Fähigkeiten. Weiß, wozu sie in der Lage sind, was sie mit uns machen können, zu was sie uns Menschen führen und verleiten. Wie sie uns in Versuchung und in die Irre führen und täuschen, um im nächsten Augenblick loszupreschen, in Angriff überzugehen. Ich habe lange und zahllose Kämpfe im Fluss des Lebens mit ihnen ausgetragen und ausgestanden. Viele davon verloren. Genauer genommen, alle. Manche davon haben mich stark gemacht, andere waren sehr zerstörerisch, vernichtend und wiederum andere haben mich fast mein Leben gekostet. Mich auf Messers Schneide befördert. So wurde der Tod mein bester Freund und Begleiter. Er erinnerte mich bei jeder Begegnung daran, dass ich nicht mein Körper bin. Sondern viel mehr. Und so blieb die Ahnung meines Wissens erhalten. Bei fast allen Auseinandersetzungen wurde ich noch mehr verletzt und tiefer verwundet. Sie haben die Tür zu noch mehr Verunsicherung, massiven Ängsten und Phobien, Verzweiflung und Mutlosigkeit geöffnet. Ins dunkle Reich der Angst geführt, die mich das Fürchten lehren sollte. Da folgt ein Alptraum dem nächsten. So habe ich die Bekanntschaft mit den unbewussten, niederen Anteilen meiner Seele gemacht. Die mich in dunkelste Ecken und an Orte führte, wo es mir graute und gefror.

Die mich lähmten und in Fassungslosigkeit, Sprachlosigkeit und Schockstarre versetzten. Auf den Platz der Stagnation gefangen hielten. Da geht nichts mehr. Ich hatte keine Vorstellung, dass es diese Plätze gibt. Aber ich habe sie gesehen, erfahren und verstanden. Instinktiv habe ich erkannt, dass dies der Ort ist, wo wir uns verlieren und vergessen können. In der Einsamkeit des Seins, im Dunkel und der Kälte der Nacht, welche die Seele umhüllt und einen Weg in dein tiefstes Inneres sucht. Der Mantel (Kokon), der meinem Körper wie eine zweite Schutzhaut umschlossen hatte, erinnert an diese unzähligen Begegnungen. Die permanent erfahrenen, massiven Anfeindungen, nicht enden wollenden Kämpfe, Auseinandersetzungen, Angriffe, Missgunst, Feindseligkeiten, Aggressionen, Respektlosigkeiten. An die Missbilligungen, die Ignoranz und an die Verurteilungen. Kämpfe ums Überleben. Kämpfe um Leben und Tod. Wo nur eins zählt: friss oder stirb, leb oder sterbe. Keine Zeit, um Verletzungen und Wunden zu pflegen, zu versorgen, zu heilen, weil die nächsten Angreifer und Attacken längst ihre Stellung bezogen hatten. Ich wurde so müde davon. Müde von der Last der Vergangenheit, vom Verteidigen-müssen, um mein Recht auf meine Existenz (Existenzberechtigung). Kämpfen und stark machen für einen Platz der Dazugehörigkeit und Akzeptanz. Kämpfe nach Liebe und emotionaler Geborgenheit. Ich wollte nur noch Ruhe und Frieden haben. Liebe, Akzeptanz und Wertschätzung kennenlernen und erfahren dürfen. Ich wollte ankommen, einen Platz finden, wo ich Zugriff auf genügend Ressourcen zum Leben habe und einfach nur ich Selbst sein darf. So, wie ich bin, ohne dafür verurteilt, beschämt oder angegriffen zu werden. Müde, über alle Maßen erschöpft, mutlos, hoffnungslos suchte ich vergeblich nach so einen Ort. Ich fand ihn nicht. Ich war auf mich allein gestellt. Umrahmt von meinen Freunden Natur, Sonne, Mond und Wind. Sinnlosigkeit machte sich breit. Und zu diesem Platz sollte ich immer wieder zurückkehren. Ich wollte nur noch ausruhen, mich erholen, mich um meine Wunden und Verletzungen kümmern dürfen, es guthaben, Sonne und ihre Wärme tanken, im Frieden sein, mit dem Fluss des Lebens. Sonne, Wärme und die Natur wurden oft die einzige Nahrung, die ich naturgegeben finden konnte und so viel wie möglich zu mir nahm. Einer Tankstelle gleichzusetzen. Und so wurde ich immer schwächer, ausgebrannter, leerer und hohler im Innern. Nach außen diente der Mantel inzwischen als Tarnung. Als harte Schale, an dem sich mein Außen gerne ausprobierte, austobte. Innerlich hat es mich ausgezehrt, bis auf die Knochen. Da flossen viele Tränen. Ein einsamer Platz, der dich dein Alleinsein doppelt spüren lässt. Und so zog die Leere bei mir ein. Sie breitete sich aus und vereinnahmte mich. Langsam und schleichend. Zog mich weiter in die Tiefe, zu immer neueren Ebenen.

Die Leere kennt keine Gefühle. Sie haben an diesem Ort keine Bedeutung. Nichts hat hier Bedeutung. Absolut nichts. Alles scheint dich nur noch mehr runterzuziehen, in die endlose Tiefe der Schwärze der Nacht und Dunkelheit. Mit dem Unterschied, dass hier keine Sterne zu sehen sind. Dieser Teil der Existenz hat nie ein Licht erfahren. Hier herrscht bittere Kälte. Was habe ich gefroren. Ich kam mir wie ein Eisblock in Person vor. Einsam, verloren und schwebend in der Weite des Kosmos. In der Leere zeigen sich die Hamsterräder der Gedankengefängnisse, die sich im Kreis drehen, ganz deutlich. Geistige Verneblungen, die einen verrückt machen. Es ist schwierig, da auszusteigen. Ich habe mich so verloren und allein gelassen gefühlt. Im Stich gelassen von allen und dem Leben selbst. Immer auf der Hut vor weiteren Attacken, Angriffen, Ängsten, Zweifeln, die jeden Moment aus dem Dunkel auftauchen und mich überfallen konnten. Nur darauf zu warten schienen.

Und so wurde es immer verlassener, trost- und sinnloser um mich herum. In mir. Die Grenze, wo alles nur noch egal und gleichgültig ist, war längst überschritten. Sie hatte sich in der Dunkelheit des Seins wie selbstverständlich aufgelöst. Hatte keine Existenz. Sie verliert sich hier im Nichts. Hier hat nichts einen Wert oder eine Wichtigkeit. Absolut Nichts. Und wenn ich dachte, tiefer fallen geht nicht mehr, dann sollte ich eines Besseren belehrt werden. Unser Denken kann uns so täuschen. Es geht. Glaube mir. Ich weiß, wovon ich spreche. Und wenn du vielleicht selber schon mal an so einer Stelle warst oder dich gerade dort befindest, dann wisse: Ich bin mit dir, ich höre dich, ich sehe dich. Ich erkenne dich. Und ich liebe dich. Lass dich nicht von deinem Denken und Hoffnungen in die Irre führen. Von deinen Emotionen schon gar nicht. Im Bereich der Leere lässt sich keine Wahrheit finden. Doch es ist eine Wahrheit, dass es dieses Reich gibt. Unter diesen Bedingungen kann Leben nicht stattfinden, nicht wirklich existieren. Hier ist kein Platz dafür. Es würde sich nur verlieren. Wie ein Samen im Wind.

Wenn die Angst Regie führt, im Drehbuch deines Lebens, oder der Schmerz, die Trauer und Wut, dann werden Horrorfilme wahr. Und du erreichst die Grenze des Wahnsinns. Ich weiß schon, warum ich Horrorfilme nie mochte. Ich war ja in meinen eigenen gefangen. Im Zustand des ständigen Verteidigungs- und Überlebensmodus, auf der Hut und in panischer Angst (Paranoia) vor neuen Angriffen und Attacken. Die mich aus dem Nichts überfielen und erfassten. Gesichtslos, um in der Anonymität der Dunkelheit so schnell zu verschwinden, wie sie aufgetaucht waren. Sie hinterließen ihre Spuren auf dem Weg in weitere, tieferführende Dunkelheit und Kälte. Sie waren die Dunkelheit in Person. Bis ich lernte, mich ihnen zu stellen, statt mich zu ergeben. Bis ich lernte, mich zu wehren und dem entgegenzuwirken. Bis ich lernte, meinem Mut und Zorn Ausdruck zu verleihen, die ungeahnte Kräfte freisetzten. Reserven, die ich dachte, nicht zu haben, weil ich sie fest unterdrückt, ignoriert und zu vermeiden suchte. Denn ich wollte nicht so sein, was ich an und durch andere erlebt hatte. Ich hatte am eigenen Leib erfahren, welchen Schmerz sie verursachen. Dabei lebte ich diese Anteile längst. Ohne es zu merken. Das zu erkennen, schmerzt noch viel mehr. Du kannst ein Leben lang davon zehren, wenn du willst. Und manche Menschen tun das. Auch das ist eine Entscheidung, die akzeptiert werden will. Die Energie der Wut entpuppte sich als wahre Quelle der Ressourcen. Ein Wagnis, um wichtige, zuvor zurück gehaltene Anteile und Aspekte, die zu meinem Sein gehörten, endlich zum Ausdruck zu bringen. Ich hatte Angst vor dieser Kraft, denn sie war so explosiv und zerstörerisch, um nicht zu sagen vernichtend. Ich brauchte lange, um sie angemessen nutzen zu können. Dazu hatte ich Grenzerfahrungen, um ihre Spannbreite erfassen und überhaupt in Erfahrung bringen zu können, wo die Balance sich befindet. Jetzt weiß ich es. Immer in der Mitte zweier Seiten. Die Energie kann den Erdboden gleich machen. Und da, ganz versteckt in einer Ecke, entdeckte ich meine Sprachlosigkeit, die meine Stimme verschlagen und stumm werden lassen hatte. Sodass ich nicht sprechen konnte, nicht gehört wurde. Sie hatte mich gelähmt. Dieser Effekt stand der Wut und dem Zorn entgegen. Bei meinen ersten Versuchen, lauthals zu schreien, kam kein Ton raus. Er wollte einfach nicht. Blieb weg, glänzte durch Abwesenheit. So fing ich an zu schreien, ohne Ton. Wenn ich überfallen wurde, schrie ich, doch das Einzige, was sich bewegen konnte, waren meine Lippen, die deutlich und klar Hilfe formulierten. Kein Mucks kam raus. Der Ton blieb weg. Doch ich sah, wie die Energie meines Willens sich zu einer dichten Masse bildete, formatierte, um mir zu helfen, mich zu wehren, dagegen anzugehen. Und je mehr ich dies tat, desto dichter und größer wurde diese Energie, welche sich in meinem Feld manifestierte. So entstehen Gedankenkonstruktionen und Energiefelder. Ich war beeindruckt. Mit der Kraft, die ich hatte, schrie und wehrte ich mich. Doch die Stimme konnte lange keinen Ton hervorbringen. So starr und sprachlos war ich. Da hätten auch Tonnen von Halsbonbons oder Dynamit wohl nichts dran geändert.

Die Kraft der Transformation und Umwandlung

Mein Wille wuchs, erhob sich, wurde stärker, unberechenbarer. Er half mir, über meine körperlichen Begrenzungen hinaus zu gelangen. Wurde ein viel größeres und weiteres Feld, als mein Körper es je sein kann. Aus dem Willen formte sich die Intention. Ich wollte heilen und heilsam sein. Ich wollte im Frieden sein und Frieden bringen. Ich brauchte Mitgefühl und wollte es geben. Ich brauchte Liebe und wollte sie schenken. Ich brauchte

Hilfe und hilfreich sein. Ich brauchte Hoffnung, Zuversicht und Mut und wollte sie geben. Ich brauchte Verständnis und wollte Verständnis zeigen. Ich sehnte mich nach Akzeptanz und wollte anerkennen. Ich brauchte Balsam für meine Seele und wollte Balsam sein. Ich brauchte Klarheit und Antworten und war bereit damit zu dienen. Ich brauchte Freundschaft und wollte sie leben. Ich brauchte Freude, die ich bereit war zu leben. Ich brauchte Ausdauer und Durchhaltevermögen und wollte andere darin bestärken. Ich brauchte eine helfende Hand und war bereit, eine zu sein. Ich wollte mit den Augen der Liebe sehen und mitfühlend sein. Das waren meine wahren Intentionen. Schon seit Urgezeiten. Und so habe ich sie erneut gesetzt, damit sie wachsen und ihren eigenen Weg durch das Labyrinth finden können. Das war mein Bewusstsein in der reinsten Form. Und so wurde jede Begegnung, jedes Ereignis ein Training und Test, um Kondition darin zu erlangen. Die Festigkeit zu verstärken. Damit sie als Fundament und Grundgerüst meines Lebens dienen und es zusammenhalten. In den Stürmen des Lebens.

Zwar vor Angst in die Hosen machend, dennoch unbeirrt, hielt ich an meinen Intentionen fest. Schenkte ihnen meine Aufmerksamkeit, meinen Fokus. Denn was du beachtest, kann wachsen. Und so fingen die harten Schalen der Blockaden und Grenzen an zu zerbröckeln. Bis meine Stimme eines Tages ihren Ton fand. Die Blockade war gelöst. Das Gedankengebäude, welches sich aus unbewussten Identifikationen, Glaubenssätzen, Konditionierungen, wie etwas zu sein hat, Vorstellungen, zusammengesetzt hatte, zerplatzte. Wie Seifenblasen im Wind. Es war ein Meer davon, welches sich erhob und seinen Weg suchte, um endgültig zu verschwinden. Ich studierte den Ton, in all seinen Nuancen. Jeder Hilfeschrei ließ mich meine Kraft spüren und wurde lauter. Stärkte den Ausdruck meiner Stimme, meines Tons. Um vielleicht irgendwann Gehör zu finden, vernommen, wahrgenommen zu werden. Gerettet zu werden? Ups. Was war das? Das nächste Gedankenkonstrukt tauchte auf. Ich war überrascht, als diese Formation an Energien und Gedanken auftauchte. Sich in der Rolle des Opfers präsentierte und vorstellte. Scheinbar war ein Teil von mir damit identifiziert. Das wurde spätestens hier klar. Gedacht habe ich etwas anderes. Ich hatte theoretisch und auch in der Praxis darauf bestanden, keines zu sein. Was für eine Illusion. Also schaue ich genauer hin. Und erkenne, wie sich die Opferhaltung der eigenen Kraft (Verantwortlichkeit) beraubt und entmächtigt, um sie woanders hinzulenken und abzuschieben. Auf die andere Seite, Richtung Täter. Da entwickeln sich spannende und merkwürdige Dynamiken. Diese Energien tanzen eine Art Tanz, wo mal die eine oder andere Seite die Führung übernimmt. Doch wer gewinnt die Oberhand? Ich erkenne, dass ich kein Opfer bin und keines sein will. Oder besser gesagt, beide Energien und Anteile in mir trage, die ihre ureigenen Tänze in mir vollzogen. Sogenannte innere Konflikte. Welche Energie gewinnt den nächsten Zug. Eingeschlossen in Felder, die manchmal größer und manchmal kleiner sind. So habe ich sie aufgelöst. Ich wollte mich weder mit der einen, noch mit der anderen Energie identifizieren. Denn Labels, Etiketten und Schubladisierungen erhielten diese aufrecht und gefangen. Schlossen sie ein. Fütterten sie, sodass sie an Größe und Stärke gewinnen und ihren Tanz tanzen können. Es gibt viele Formen des Tanzes, wie Musikrichtungen auch. So bekommt alles seinen eigenen Stil und Ausdruck der Faszination und Kraft. Und was ist damit, dass ich ein Opfer äußerer Umstände bin? Ja, das passiert. Wenn du dich in den Zwischenräumen dieser beiden Dynamiken befindest, sodass du erfasst und hin und her geschleudert, gerissen wirst. Da war er, der Zweifel und Zwiespalt, der uns die Nerven rauben kann. Doch sie stellen lediglich zwei Aspekte dieser Energien in uns dar. Die als Teil innerer Konflikte in uns vorhanden sind und nach außen ein holographisches Bild abgeben. Wenn wir uns im Außen bekämpfen, dann ist das ein Spiegelbild der eigenen inneren Vorgänge. Wenn du dies erkennst, platzen diese Formationen. Die Energien werden freigesetzt. Lösen sich auf, um sich neu zu formieren. Da ist es gut, wenn du deine Intentionen kennst. Achtsam und bewusst auf deine Gedanken achtest, deine Wörter wählst, um ihnen Bedeutung zu geben. Sodass sie wachsen und gedeihen können.

Das Spiel von Ungerechtigkeit und Gerechtigkeit gibt es übrigens nur bei den Menschen. Es unterliegt der Natur des Urteilens. Also der Be- und Verurteilungen, der Bewertungen. Und die ist so unterschiedlich und manipulativ, wie Wahrheiten ausgelegt werden können. Spiegelbilder die uns reflektieren, wo Anteile, Seiten und Aspekte eine Hervorhebung oder Überbetonung erfahren, was automatisch die andere Seite mit ins Spiel bringt. Das Leben selbst kennt keine Wertungen. Da ist alles, was es ist und wie es ist. Natürlich und einfach. Bei dem Spiel «Gerechtigkeit» geht es um vorher erwähnte Energien. Du kannst sie als Gelegenheit und Spiegelbildfunktion nutzen, um diese eigenen Anteile und Energien zu erkennen und annehmen zu lernen. Um diese inneren Konflikte zu lösen. Viel und leicht bringen sie oft neue Seiten und Facetten deines Seins zum Vorschein. Was dir vorher nur nicht bewusst war. Und wenn wir darüber hinausschauen, auf das, wofür es ist und war, sehen wir, dass es um das Anerkennen und Kennenlernen dieser Energien in uns geht. Dann kann sich vieles aufheben. Eine andere Variante ist, dort in diesen Energien und Gedankenformationen (Identifikationen) steckenzubleiben, auf sein Recht oder Unrecht zu beharren. Das wäre der Weg des Leidens und Jammerns darüber. Die Entscheidung, im Gefängnis zu verharren. Jede Entscheidung will akzeptiert und respektiert werden. Sodass es dort gelassen werden kann. Wenn ich da versuche, zu intervenieren oder krampfhaft zu verändern, verschleudere ich meine wertvolle Energie. Denn sie braucht sich auf, weil die Entscheidungen, ob bewusst oder unbewusst, längst und einst gefällt wurden. Sodass sie verteidigt werden. Meist findet das unbewusst und bewusst statt. Bis ich das erkennen kann und eine neue Entscheidung treffen möchte, weil ich etwas anderes erfahren und leben will. Das verbirgt sich hinter unserem Verhalten. Diese feinstofflichen Bewegungen und Dynamiken von Energien, die so sichtbar sind, wie die Luft, die wir einatmen. Also nicht wirklich.

Meine unsichtbare Stagnation und Starre fing an, sich aufzulösen, während ich sie beleuchtete und Bewusstsein entwickelte. So wuchs mein Mut zur Wut für Mut und bekam mehr Power.

Wenn wir diese Kraft anerkennen und sie annehmen, kommen und gehen wir in die eigene Kraft. Raus aus einer Opferhaltung. Raus aus solchen Dynamiken. Je lauter, stärker und fester ich meine Stimme erhob, desto mehr bestärkte es meinen Willen und meine Willenskraft. Und so traf ich verschiedene bewusste Entscheidungen, die immer auch unsere Grenzen setzen. Zum Beispiel: Mich nicht aus irgendwelchen Gründen einer Unwahrheit anzuschließen, nur weil sie der mehrheitlichen Meinung entspricht. Ehrlich, authentisch, klar und respektvoll zu sein. Mir gegenüber, so auch anderen. Das ist meine Intention. Jede Lüge ist ein Selbstbetrug. Und betrüge ich selbst, weil ich mich gegen meine eigene Intention verhalte, dann erfahren wir diesen Betrug auch im Außen. Durch Situationen, Menschen, Gegebenheiten. Sie reflektieren diesen Betrug an uns selbst. Das war eine wichtige Erkenntnis für mich, hier und jetzt, wo ich gerade bin. Das veränderte mein Bild über mein Leben fundamental. Ich gestand mir ein, dass all der Betrug, den ich im Leben erfahren hatte, in Wahrheit ein Aufzeigen, ein Zeichen, Spiegel- und Hinweisschild dafür war, wo ich mich selbst betrogen habe. Ich nicht meinen inneren Zielen und Intentionen gefolgt bin. Mich davon entfernte, weil mein Fokus im Außen lag. Nicht in Verbindung mit mir war. Hier konnte ich die Energien von Körper, Geist und Seele zum ersten Mal ein Stück weit miteinander vereinen.

Der Herzschlag des Universums

Die Kraft der Wut und die Willenskraft erwiesen sich als perfektes Team, welches gut zusammenarbeitete. Und so formte sich und wuchs mein Wille. Bildete Kraft. Mit Hilfe des Bewusstseins. Sie fing an, sich diesen Widerständen entgegenzustellen. Getrieben vom Wunsch, dass der Alptraum endlich aufhört. Ein Ende findet. Den Ausgang aus der Leere hatte ich, ohne es zu merken, längst hinter mir gelassen. Der Ort der Leere, wo Hoff-

nung keinen Platz und auch keine Resonanz erfuhr. Dieser Ort
hatte sich aufgelöst, durch einen Geistesblitz im Dunkeln. Während ich mich darin übte, meine Stimme zu erheben, sie zum
Ausdruck zu bringen. Die Kraft der Worte und der Sprache zu
lernen. Auch wenn es in ein Nichts war, ohne Resonanz. Ein
guter Übungsplatz zum Austoben, mit endlos viel Raum und
Weite. Die Momente, wo ich auf irgendeine Resonanz wartete,
waren auch ein Beginn. Denn in dieser Stille fing ich an, mein
Herz schlagen zu hören. Zuerst ganz sacht und unscheinbar, um
dann gleich wieder in der Versenkung zu verschwinden. Doch
es kam immer mehr zum Vorschein. Und je mehr ich es zuließ, desto mehr getraute es sich raus. Sichtbar, fühlbar, hörbar
zu werden. So entstand eine innige Verbindung durch das Kennenlernen. Sein Takt war regelmäßig, geradezu beruhigend. Es
gab mir Sicherheit. Ich war freudig aufgeregt, denn ich hatte eine/n Freund/in gefunden. Meine Zuneigung und Liebe wuchs.
Das wollte ich nicht mehr hergeben. Damit wollte ich verbunden sein und bleiben. Das wollte ich bewahren. Das habe ich mir
hier versprochen. Mein Fokus hatte sich verändert. Unmerklich wesentlich. Da war sie, die Resonanz. Die Einzige, die ich
wahrnahm. Die Antwort auf meine Hilfeschreie im Dunkeln.
Das Pochen meines Herzes, im Gleichklang mit meinem Sein.
Ich vernahm das leise Rauschen meines Blutes, wie es durch die
Adern in meinem Körper fließt. Wie bei einem Fluss, der sich
seinen Weg ins Tal sucht. Alles hat seinen eigenen Klang. In der
Stille, der mich umgebenden Nacht, nur mit mir allein, konnte
ich es ganz deutlich und klar vernehmen. Meinen Herzschlag,
der so laut wurde, dass es mich in Angst versetzte. Angst davor,
dass mich jemand hören und entdecken könnte. Ich wollte keine falschen Aufmerksamkeiten auf mich ziehen. Ich wollte dies
hier, was ich gefunden hatte, schützen. Doch mein Herzschlag
blieb laut und erfüllte mein Sein. Wurde zu meinem Sein. Im
Gleichklang mit dem Universum. So wurde ich eins mit ihm. Ein
Herzschlag des Universums. Oder war es umgekehrt? Das Universum wurde eins mit mir und meinem Herzschlag? Ich weiß
es nicht mehr genau. Es spielt auch keine Rolle. Ich hatte mich

mit ihm identifiziert, vereinigte mich mit ihm, wurde eins mit ihm. Dem Herzschlag des Universums.

Es waren schleichende, unscheinbare Prozesse und Augenblicke. Die normalerweise keine Beachtung fanden. Doch das Wesentliche passiert immer nebenbei. Und so wurde ich zum Pulsschlag meines Seins. Ich bestimmte ihn. Ganz allein ich entschied darüber. Ein Herzschlag in der Weite des Universums. Nie habe ich mich so ganz und vollkommen, so groß und kraftvoll, zugleich so klein und unbedeutend gefühlt. So verbunden. Dieser Verbindung habe ich mich versprochen. Sie ist mir heilig und nah. Mein Lebenselixier. Ich werde alles dafür tun, um diese Verbindung zu halten, zu wahren, zu beschützen. Denn sie hat mein Herz und dessen Liebe erwärmt, es die ganze Zeit bewahrt. Sie war so rein, heilsam, schön und unfassbar groß. Ein neuer Raum, den ich betreten durfte. Die Tür war geöffnet zum Reich der Liebe. Ich habe keine Ahnung, was er bereithält, denn ich betrete ihn gerade zum ersten Mal. Doch ich weiß, dass mein Herz vor Freude und Aufgeregtheit pocht. Laut, kraftvoll, präsent und einzigartig. Einreihend, als Teil von einem Ganzen. Das ist Ehrfurcht einflößend. Und ich erkannte mich. Als Teil eines Ganzen. „Ich bin du und du bist ich. Wir sind eins". Ich sehe dich und ich sehe mich. Wir sind alle und jeder für sich Ausdruck schöpferischer Kraft und Macht. So komplex, wie einfach. Bewusstsein als Erfahrung. Hier gibt es keinen Zweifel. Das wollte von mir gesehen und anerkannt werden.

Erkenntnisse

Ich brauche keine Existenzberechtigung, denn ich bin. Teil eines Ganzen. Ich brauche keine Akzeptanz, denn mein Sein ist Ausdruck dieser. Ich hatte zu sein und mein Potential in mir zu entdecken und zu entfalten. Und da tauchte sie dann plötzlich aus der Tiefe und dem Nichts auf. Was dieser Erkenntnis entgegenstand. Meine Urangst. Hier war sie zu finden. All die lange Zeit. Manifestierte Energie, die sich als Gedankenfeld und dicke, schwarze Masse auftat. Es war diese, die mir Stiche ins Herz jagte und diesen unendlichen Herzschmerz verursachte. Dieses Gedankenkonstrukt war das größte von allen. Es setzte sich aus Tonnen von kreierten Erfahrungen zusammen. Wie ein dicker, schwerer, unbeweglicher Block, der Teile des Herzens besetzte. Mit der Etikettierung versehen: Unerwünscht, unakzeptabel, Nichts wert, abgelehnt. Gespeist aus einer zutiefst und in allen Fasern des Seins erlebten Realität, die sich Leben nannte. Vielleicht waren es auch mehrere. Meine Geburt war eine Rutschfahrt direkt in diesen schwarzen Block hinein, welcher sich überwiegend aus besonders großen, hartnäckigen, festsitzenden Gefühlen und Gedanken von Ängsten, Wut, Zorn, Hass, Schmerz und Trauer ergab. Wie eine klebrige Masse Teer, die erstarrt und einen harten, sehr festen Block bilden. Es sollte mein Energiefeld vereinnahmen und besetzen, um eins mit ihm zu werden. Hart, undurchdringbar, fest und erstarrt. Sodass Leben nicht wirklich existieren kann. Durch Realitäten des Lebens, die erfahren wurden. Erfahrungen der konstant erlebten Unerwünschtheit, Ablehnung, des Ausschlusses, des Hasses, der Gewalt. Die mich in jenem Augenblick meiner Ankunft überschwemmte. Erfahrungen von Missachtung, Ignoranz und Missbilligung. Erfahrungen von permanenten Misshandlungen und des Missbrauchs von Überlegenheit mir gegenüber als Person und Mensch. Ohne Rücksicht auf Verluste. Mit Füßen getreten, respektlos behandelt, als wertlos und nicht liebenswert abgestempelt. Ich hatte nie wirklich verstanden, warum und wieso. Wie konnte ich auch? Doch jetzt kann ich sehen. Und so arbeite ich mich durch diese Masse von Identifikationen, Glaubenssätzen, Vorstellungen, Idealen, Hoffnungen, Gedanken-Konstrukten und ihre damit einher gegangenen Emotionen durch. Jede verdammte einzelne Energieformation. Und da tauchte sie auf. Versteckt hinter anderen, die zum Vorschein kamen. Ein weiteres Gesicht der Opferhaltung, welches sich dem wohlwissend ergeben hatte. Ab und zu aufbäumend, doch gefangen in seiner Rolle. Ich erkenne es an. Ich übernehme die Verantwortung, gehe in meine Kraft und bin kein Opfer mehr.

Ich bin, was ich bin und was ich immer war. Und so heben sich diese Identifikationen, Irrtümer, Glaubenssätze eine nach der anderen auf. Verlieren ihre Daseinsberechtigung. Meine Existenz ist eine Tatsache. Die Existenz von Irrtümern auch. Doch ich identifiziere mich nicht mehr mit ihnen und ihrer Energie. Vielleicht manchmal noch. Doch in jedem Fall mache ich sie nicht mehr zu meinen eigenen oder erkenne sie als meine Wahrheit an. Dies sind mein bewusster Wille und meine Entscheidung. Das ist das, was ist. Hier enden all die Angst, der Schmerz, die Trauer und die Wut. Das Ende, welches ein Anfang war. Hier treffen sich Hass, Zorn, Gewalt und die Liebe und das Mitgefühl. Hier schließt sich der Kreis und Zyklus. Und ein neuer kann beginnen. Angeführt von der Freude dieser Erkenntnis und der Erleichterung des Seins, die ihren Ausdruck und ihre Vielfalt sucht und mich in ihrer Faszination mitzureißen sucht. Die Magie und das Wunder des Lebens, welches so viel mehr Potential enthält, als das es erkannt und genutzt wird. Weil das Konzept des Denkens den Konzepten der Wahrnehmung mit ihrem unscheinbaren Sein entgegensteht. Jede Wertung, jedes Urteil bildet eine Mauer des Widerstandes, die beide voneinander trennt und immer mehr voneinander entfernt. Wenn Urteile und Bewertungen ihre Existenzberechtigung verlieren, öffnen sich die Tore zu dieser Wahrnehmung. Alles ist, wie es ist. Im Einklang mit der universellen Lebenskraft, dem Sein, der Schöpferkraft.

Und so kam ich in Berührung mit dem Ursprung meiner Existenz, die sich auf verschiedenen Ebenen, in diversen Dimensionen und mehreren Zeitfenstern zugleich abspielte. Über meinen Herzschlag. Über den Herzschlag des Universums. Mein Herz, welches ich einst verschlossen hatte und zu schützen suchte, um zu überleben. Versteckt im Irrglauben, dass es dann nicht gesehen und gefunden wird und dadurch die Gewalteinwirkungen des Außen vermeiden und umgehen kann. Ohne zu ahnen, dass eine viel größere Kraft den Weg hindurchführen sollte. Mein

Verstecken war eine eingebildete Flucht oder besser gesagt, ein Fluchtversuch, diesem zu entgehen. Dabei war es von vornherein so ausgelegt und bestimmt. Dies wollte von mir gefunden, erkannt und akzeptiert werden. Gefunden im Labyrinth der Tiefe und Unendlichkeit des Seins. Geführt und getragen von diesem inneren Kompass meiner Seele und seinem ihm innewohnenden Wissen.

Rückkehr aus der Dunkelheit

Und so mache ich mich auf dem Weg zurück in das, was wir Leben nennen. Raus aus der Dunkelheit und Abgeschiedenheit. Voller Vertrauen und doch auch unsicher. Das fühlt sich wie neu laufen lernen an. Und genau das mache ich jetzt. Wenn ich hinfalle, stehe ich wieder auf und gehe weiter. Doch ich muss nichts mehr beweisen. Denn ich bin ein Beweis. So wie jeder andere Mensch auch. So wie jede Zelle unseres Körpers ein Beweis seiner Existenz ist. Ach übrigens: Das Leben selbst ist auch eine Formation von Energien. Verschiedene geballte Energien in manifestierter Form, die zusammenkommen. In die wir bei unserem Start ins Erdenleben hineinrutschen, durch einen Sprung von der Brücke in den Fluss, der sich Leben nennt. Eine Aneinander Kettung an Ereignissen (Zellen) nimmt ihren Lauf.

In diesem Einklang trete ich meine Rückreise in die Ungewissheit an. Durchstreife das Land der Unbewusstheit, das Land der ungeahnten Möglichkeiten. Nicht wissend, was kommen mag. Gestärkt, kraftvoll. Alles, was mir jetzt aus dem Dunkel erscheint, erschreckt mich nicht mehr. Macht mir keine Angst mehr, versetzt mich nicht mehr in Schockstarre oder lähmt mich. Ich sehe es, erkenne es, akzeptiere es. Doch ich verschwende nicht mehr meine Energie damit. Schenke ihnen keine Aufmerksamkeit und Wichtigkeit mehr, wie ich es einst tat. Denn es ist alles nur eine Illusion. Ein Schatten, der gesehen werden will, um anerkannt zu werden. Mein Herz gibt den Rhythmus vor und den Ton an. Ich brauche ihm nur folgen. Ich lebe. Das ist alles, was zählt, in der Fülle des Seins.

Anerkennung, die wahre Vergebung

Auf dem Weg zurück, durch die schwarze Nacht, sollte ich Phasen tiefer Trauer durchlaufen. Wie hatte ich vergessen können? Wie hatte ich diesen Kern in mir einfach ausblenden, abschotten und verdrängen können? Aus meinem Gedächtnis streichen können? Da waren sie wieder. Gedanken, die uns das Leben so schwer machen können. Uns in Versuchung führen, in die Falle von Schuldgefühlen, Zweifel und Scham tappen lassen. Sogenannte Fettnäpfe. Und so nahm ich sie, bedankte mich bei ihnen und zog an ihnen vorbei. Ließ sie da sein, wo sie waren. Die Rückreise ist auch eine Reise der Anerkennung all der Gefühle, Gedanken und körperlichen Auswirkungen. Eine Reise, wo Körper, Geist und Seele zusammengeführt und in Einklang gebracht werden dürfen. Sie enthält das Geschenk der Vergebung. Anerkennung ist die wahre Vergebung. Nichts anderes. Und so erntete ich Akzeptanz, die ihren gebührenden, rechtmäßigen Platz und Raum einnahm und wuchs. Das lud die Hingabe dazu ein. Und als die Demut sich dazu gesellte, entstand tiefe Freude. Die endlich meiner Einladung folgte. Sie fing an, mein Sein zu erfassen. Und ganz schleichend, sacht und liebevoll übernahmen sie die Führung. Jetzt verstehe ich endlich, was damit gemeint ist: dem Herzen folgen. Der Weg zurück war ein vorsichtiger, zarter. Einen Schritt nach dem nächsten. Denn das Licht war klein und zart und hätte, wie bei einer flammenden Kerze, mit einem zu hastigen Atemzug erlöschen können. Und so hütete ich es, in der Privatsphäre meines Kokons. Damit es nicht erlischt und von der Dunkelheit und Kälte verschlungen wird. Dieser Kern enthielt die Schätze: Reinheit, Authentizität,

Natürlichkeit, Anerkennung, Respekt, Loyalität, Freude, Liebe und Frieden. Meine ganze Aufmerksamkeit war darauf gerichtet, es zu bewahren, zu schützen und von nichts und niemanden zerstören zu lassen. Ich möchte das leben. Das war die andere Seite der Einsamkeit. Eine freudevolle. Alles andere verschwand und verflüchtigte sich immer mehr im Schatten seines Daseins. Doch es war deswegen nicht weg. Mein Fokus hatte sich nur geändert. Alle Wege, die ich bis hierher genommen, führten mich zu diesem einen finalen Endpunkt, der zugleich ein Neubeginn ist. Ich mochte schon immer verschiedene Wege gehen. Wenn ich zu einem Ziel unterwegs war, nahm ich auf dem Rückweg meistens und gerne eine andere Route. Denn Neu- und Wissbegierig ist so etwas wie mein zweiter Vorname. Meine in mir wohnende Abenteuerlust und Lebenslust zündete seine Funken. Mein Hinweg bestand auf der Grundlage meiner gemachten Erfahrungen und meinen unbewussten, eingeschränkten Vorstellungen, Konditionierungen, Programmierungen, Identifikationen, Emotionen, Glaubenssätzen, Überzeugungen, meiner Urteile und Bewertungen. Die Rückreise ist der Weg aus der Dunkelheit der Nacht, der Kälte und Abgeschiedenheit. Es gibt hier keine Autobahnen, Spazierwege oder Trampelpfade. Keine Hinweis- oder Orientierungsschilder. Jeder Schritt bleibt ein Schritt ins Leere, ins Ungewisse. So wirst du genötigt, Vertrauen zu entwickeln. In jeden Schritt, den du setzt. Du kannst es nicht kontrollieren. Es braucht eine bewusste Entscheidung und Vertrauen. Vertrauen in deine ureigenste Kraft. Was das Gegenteil von Kontrolle ist. Und mit jedem weiteren Schritt aus der Dunkelheit wurde ich stärker und sicherer. Was sich mir zeigte, beleuchtete ich. Und so machte sich Lebensfreude breit. Und das Vertrauen wuchs. Dies gab mir Rückendeckung und Rückhalt. Ich weiß nicht, wo es langgeht. Ich kann nur meinem Herzschlag folgen und einen Schritt nach dem nächsten tun. Nie wissend, was mich erwartet oder kommen mag. Erwartungen haben hier keine Existenzberechtigung mehr. Doch ganz bei mir selbst fühle ich mich sicher. Sicherheit, die mir Vertrauen in meine eigene Kraft, in meine Fähigkeiten, in meine Erfahrungen, in mein Wissen, in meine

Sinne verleiht. Und so setzte ich neue Samen des Vertrauens in das Feld, welches ich durchlief. Versorgte sie mit meinem Licht, meiner Aufmerksamkeit und Fürsorge. Damit sie vielleicht irgendwann gedeihen. Ich fing wieder an zu lachen. Wie habe ich das vermisst. Und so sage ich zu allem Leben Ja. Ja. Ja. Und Ja zu mir. Das entzündete die Leichtigkeit in mir. Das Labyrinth der Gefühle. Ich hatte mich mit ihnen identifiziert, statt sie das sein zu lassen, was sie waren. Ebenso das Reich der Gedanken, unseres Verstandes. Auch mit ihnen war ich identifiziert, statt sie das sein zu lassen, was sie sind. Dies hatte Konsequenzen für meine Gesundheit und meinen Körper. Das kann ich nun klar sehen. Ab und an kommt die Angst vorbei, auf einen Überraschungsbesuch. Ich winke ihr dann zu, danke ihr, dass sie mich erinnert und schenke ihr keine weitere Beachtung mehr. Das ist vorbei. Und so wuchs und wächst meine Liebe zu mir und zu allem, wie es ist, zu allem, was ist. Das stärkte das Herz. Und je größer und gesättigter es wurde, desto unbedeutender alles drum herum. Es verlor seine einstige Wichtigkeit. So gab ich mir jedes Mal mehr die Erlaubnis, meinem Herzen zu folgen und sich offen zu zeigen. Ich wurde achtsam nach innen. Es gab auch Rückschläge auf dieser Rückkreise. Phasen, wo ich vom unbekannten Dunkel überrascht wurde, sodass es mich zurückfallen ließ. Das sind die Prüfungen und Lektionen, wo wir uns selber testen oder unser Sein uns testet. Wie verbunden sind wir wirklich mit ihm, mit unserem Herzen, mit der Kraft des Lebens, unserer Liebe in uns? Es entstand eine Art Landkarte mit Orientierungspunkten, Markierungen, Wegweisern. Ein Netzwerk an Zusammenhängen, Verbindungen, Hinweisschildern, Hilfsmittel für jene, die sich auf diesen Abschnitten ihrer Reise, ihres Prozesses befinden. Es liegt bei jedem einzelnen Individuum, es zu nutzen oder nicht.

Mein Vertrauen wuchs. Je vertrauter ich wurde, desto gnadenloser und hingebungsvoller stellte ich mich dem Unbekannten. Dem, was sich zeigt und ist. Welche andere Wahl hätte ich gehabt? Es erhellte mein Bewusstsein. Was vorher unbewusst war, wurde nun bewusst oder zumindest beleuchtet. Doch nicht aus dem Blickwinkel der Angst, des Zornes, der Wut oder des

Schmerzes, sondern aus jenem der Liebe. Und mein Licht leuchtete mir den Weg, den es nicht gab. Ich bin in meiner Kraft angekommen. Nicht ausgeschöpft, denn es wächst ja noch. Doch da ist so viel Potential. Ich sprühe geradezu vor Inspirationen, Ideen und Kreativität.

In der Dunkelheit kann so ein Licht sich in Nichts auflösen. Von einem Moment zum anderen. Erlöschen, wenn du nicht darauf Acht gibst. Es kann auch schnell aufgezehrt werden. So hatte ich ressourcenvoll damit umzugehen. Ich schützte es und ließ keine Störungen von außen zu. Wenn sie trotzdem auftauchten, was im Alltag schnell passieren kann, hielt ich mich fern davon, um nah bei mir zu bleiben. Ich ließ nur wohlwollende und harmonische Situationen und Menschen zu. Alles andere mied ich.

Stell dir vor, wie du eine kleine Kerze mit Licht in deinen Händen hältst, während du in der unendlichen Weite des Kosmos (in der Dunkelheit) verweilst. Es kann sich schnell in den Weiten des Weltalls verlieren. Verschlungen oder erstickt von der Schwärze und Kälte der Nacht. Das Dunkel bleibt das Dunkel. Es hat die gleiche Existenzberechtigung wie sein Gegenspieler, das Licht. Doch wenn du dir erlaubst, dein Licht strahlen zu lassen, darauf zu achten, dass es leuchtet (gleich, wie unbedeutend es dir erscheinen mag), dann kannst du immer auch etwas beleuchten. Das, was vorher unbewusst und dunkel war. Und wenn du es beleuchtest, kann es seine Angst oder die Befürchtungen darüber verlieren. Es lässt die Schatten immer schwächer werden, so dass du sie irgendwann nicht einmal mehr erkennen kannst. Solche Kraft hat das Licht. Also fange an, dein Selbst erstrahlen zu lassen, statt es zu bekämpfen. Denn was du beachtest, kann wachsen. Die Kraft der positiven Affirmationen ist ein guter Ratgeber und heilsamer Begleiter. Sie spendeten mir kleine Funken der Hoffnung. Auf meinem Weg zurück ließ ich alles da sein, wo es ist, was es ist und wie es ist. Ohne dagegen anzugehen. Nicht alles und jeder hat eine Reaktion verdient. Damit stärkte ich meine Verbundenheit mit mir, zu mir. Und diese Kraft entwickelte sich zum Schutz. Viel leichter als so ein schwerer, dunkler Mantel. Und so versprach ich mir selbst, alles zu tun, um mit mir verbunden zu sein und zu bleiben. Mir selber treu zu bleiben und meinem Herzen zu folgen. Darin übe ich mich jetzt. Und so lerne ich immer wieder aufs Neue. Langsam lichtet sich die Dunkelheit und es wird heller. Und die Freude umarmt den Schmerz und die Trauer, die Angst und die Wut. Sie beschließen, Frieden zu machen und Freundschaft zu halten, in Anerkennung ihres jeweiligen Daseins. Das lange Kämpfen ist vorbei.

Und so war die Rückreise durch die Dunkelheit geprägt vom An- und Hinschauen aller Gedankenkonstruktionen, wie zum Beispiel Glaubenssätze, Muster, Identifikationen, Überzeugungen, Programmierungen, Konzepte, Konditionierungen. Es wurde ein weiteres Durchlaufen aller möglichen Emotionen und Gedanken, die alle nur eins wollen. Wahrgenommen, beleuchtet und anerkannt, gesehen, akzeptiert und wertgeschätzt. Manche Wunden haben länger gebraucht um zu heilen. Einige waren so tief und entzündet von innen, dass es mich immer wieder auch zurückwarf. Die Prozesse des Lebens, die ihren eigenen Gesetzen folgen, ihre eigene Zeit in Anspruch nehmen. Du kannst es nicht forcieren, nicht planen, und erzwingen schon gar nicht. Doch du kannst dich dem hingeben. Gnadenlos ehrlich. Das ist der Heilungsprozess. Denn sie zeigen dir immer etwas. Eine Seite und verschiedene Facetten von dir, die du sonst nie oder nicht so gesehen hättest. Also etwas Wertvolles, wie zum Beispiel eine Erkenntnis, ein Aha-Moment, die das Bewusstsein erhellen. Vielleicht nicht so schön in Geschenkpapier eingepackt. Dafür im Ursprung rein, natürlich, authentisch. Das Wichtigste jedoch ist, egal, welche unangenehmen Gesellen auftauchen, dass du sie einfach nur betrachtest. Du musst nicht gleich reagieren. Schaue es dir an und gib dir die Erlaubnis, es zu hinterfragen. Das hilft, im Fluss zu bleiben. Und bei allem, was du tust, sei freundlich mit dir selbst. Verurteile dich nicht, sondern freue dich darüber, dass du es endlich erkennen darfst.

Zurück zum Boot und meiner Friedensfahrt

Die Alligatoren, Krokodile, die unser Boot umringen, begleiten uns ein ganzes Stück weit auf dem Weg. Sie sind wachsame Hüter der Gewässer. Sie schwimmen friedlich neben unserem Boot umher. Ich genieße weiter die Aussicht, im Spiegelbild der Natur, schaue neu auf das Land, welches sich da offenbart. Im Einklang mit der Führung der kosmischen Kräfte, der kosmischen Ordnung, die das Boot leitet, in welchem ich sitze. Dem Fluss des Lebens vertrauend, ehrfürchtig, beeindruckt und demütig ergeben. Ich habe keine bessere, faszinierendere, ehrfürchtigere Organisation kennengelernt. Und so führt mich dieses Boot zu neuen Ufern. Ganz still, bedächtig, in unbekanntes Land. Der Bootsführer lenkt das Boot zur rechten Seite, zu einer schmalen Einlaufstelle. Und wie durch einen Zauber wird das Boot, in welchem ich sitze, auf ein Raster, eine Art Förderband, wie bei einer Achterbahn, gehoben.

Und so macht es tic, tic, tic, tic, tic und wir fahren sacht und im gemächlichen Tempo, Ebene für Ebene Richtung Oben. Bis wir den obersten Punkt erreichen. Kurzer Halt. Und mit einem Wusch geht die Fahrt los. Eine neue Achterbahn der Gefühle. Ein neues Abenteuer, eine neue Reise hat begonnen. Angekommen im Fluss des Lebens.

Andere Ebenen – Andere Perspektiven – vom Fluss des Lebens

Heute kann ich das Leben als einen großen Fluss betrachten. Der größte Fluss der Welt ist das Leben selbst. In all seiner Vielfalt, mit all seinen Facetten, seiner Farbenpracht. Er spiegelt sich in so mannigfachen Formen und Erscheinungen wider. Und je nachdem, zu welchem Abschnitt wir schauen, ist er mal wärmer oder kälter temperiert. Oder führt wenig bis kein, manchmal viel zu viel Wasser, dass es alles überflutet. Dann gibt es seichte, tiefe und sehr tiefe Stellen in diesem Fluss, breite, schmale, hohe und niedrige Abschnitte. Phasen, wo das Wasser sehr klar und still ist, um in einen anderen Moment seine wilde, unberechenbare, raue und alles überflutende Seite zu offenbaren. Es gibt auch Ausuferungen, Seitenflüsse, Bäche, kleine Tümpel, Nebenflüsse, Seen, die sich gebildet haben. Je nachdem zeigen sie unterschiedliche Beschaffenheiten auf. Wir dürfen das alles erforschen, erkunden, entdecken und uns selber dabei kennenlernen. Facetten unserer Vielfalt. Alles ist möglich, erlaubt und so gewollt. Es dient dem Erkennen von Ausdrucksweisen, Unterschiedlichkeiten, Gemeinsamkeiten, die letztlich und zusammen Möglichkeiten darstellen. Wir sind immer wieder überrascht oder erstaunt, manchmal auch angeekelt. Nicht wahr? Manches finden wir total schön und harmonisch, anderes finden wir abstoßend und widerlich. Alles ist für uns, damit wir es sehen und anerkennen, als das, was es ist. Eine Form und Möglichkeit des Ausdrucks. Manchmal verläuft der Fluss geschmeidig, harmonisch und perfekt abgestimmt, ins Bild passend. Andere Male völlig chaotisch, abstrus, irgendwie neben der Spur und total verrückt. Alles Ausdruck kreativer Schöpfung, die keine Wertung kennt. An seinen Ufern bilden sich Orte, Plätze, Dörfer, Städte, Regionen, wo sich Menschen niedergelassen haben. Der Fluss des Lebens ist ein Spielplatz an Möglichkeiten. Manches Spielzeug mögen wir nicht, anderes wiederum wollen wir ganz allein für uns haben. Das heißt, manchmal sind wir total happy und andere Male nicht. Das sind die Gefühlsachterbahnen, die sich über den Fluss des Lebens erstrecken. Oder ist der Fluss des Lebens selber eine Gefühlsachterbahn? Ich lasse beides gelten und offen. Je nachdem, von welchem Standort, von welcher Ebene und welchem Blickwinkel wir schauen, kann sich das Bild ganz schnell ändern. Es geht auch nicht darum, es zu beurteilen, sondern zu erkennen. Es gibt nichts, was es nicht gibt. Der Phantasie sind keine Grenzen gesetzt. Sie findet in den Kreationen durch uns Menschen ebenfalls Ausdruck. Ein Tummelplatz an Diversität und Multidimensionalität, um zu gestalten, zu kreieren, zu spielen, zu lernen, zu erfahren, zu genießen und Spass zu haben. Zu entwickeln, zu achten, wertschätzen zu lernen, zu staunen, zur Freude und Anerkennung des Lebens selbst. Je nach Umgebung können die unterschiedlichsten und vielfältigsten Arten, Erscheinungen und Formen ihren Ausdruck und Lebensplatz finden. Welche wiederum eigene Ordnungen bilden und sich daraus ergebenden Gesetzen unterliegen. Es gibt auch viele unbekannte Gefilde in und bei einem Fluss, denn er verändert ständig seine Natur. Doch am Ende sind und bleiben es Ausdrucksformen und Weisen, die entdeckt, gesehen und anerkannt werden wollen. Sowohl im Außen als auch im Innern des Menschen. Manche Abschnitte sind gut erforscht und genutzt, andere weniger bis gar nicht.

Jeder Mensch, der die Reise des Lebens beginnt, landet an einer gewissen Stelle, an einem bestimmten Ort, am Ufer dieses Flusses oder im Fluss selber. Und wenn du mal an einem Fluss entlang spazieren gegangen bist, dann weißt du, dass es begehbare und wunderschöne Rastplätze gibt und unzugängliche Stellen hat. Manchmal zeigt sich die Wildnis und Unberührtheit, die schwer zu durchqueren scheint. Um im nächsten Augenblick einen wunderschönen, freien Sandstrand zu offenbaren. Alle starten an einem anderen Ausgangspunkt. Du springst, sozusagen, von einer Brücke in den großen Fluss, der sich Leben nennt. K-Eine Ahnung, was dich wirklich erwartet. Denn das Leben folgt seinen eigenen Gesetzen und entwickelt seine eigene Natur, so wie der Mensch selbst auch. Im Großen unterliegt es jedoch kosmischen Ordnungen und Gesetzen, wo das Leben und die Erde selbst eine Rolle drin spielen. So hoffen wir das Beste.

Wir starten mit unterschiedlichen Voraussetzungen im Fluss des Lebens. Getrieben oder schwimmend in der jeweiligen Strömung. Bestimmt von den Kräften der Natur. Manche bleiben dort, wo sie einst eingestiegen sind, im Leben. Nur ab und zu gehen sie in den Fluss, um sich ein Stückchen treiben zu lassen, oder abzukühlen, Spass zu haben. Andere lassen sich vom Fluss des Lebens treiben. Ohne wirklich zu wissen, wonach sie suchen, oder wohin es sie treibt. Bis sie es gefunden haben. Manche verlieren den Weg und die Orientierung. Andere reisen umher. Ziehen von einem Ort zum anderen. Alle archetypischen Formen sind vertreten. Und wir können immer wieder neu entscheiden und neu entdecken. Wenn wir es uns erlauben und die Komfortzone, unseren sicheren Platz, verlassen.

Im Fluss des Lebens haben wir schwimmen und auch überleben zu lernen. Sprich, Fähigkeiten zu entwickeln, zu entfalten. Da gehört viel dazu, damit wir uns diese Fähigkeiten und dieses Wissen aneignen können. Es braucht Zeit, die entsprechenden Bedingungen und Lernfelder zum Ausprobieren, üben und trainieren. Um Erfahrungen zu sammeln, Wissen anzueignen, die zu Ressourcen werden. Kraftressourcen. Und weil sich jeder auf einer anderen Stelle im Fluss des Lebens befindet, zeigt sich dies auch unterschiedlich. Drückt sich jeweils anders aus. Alle Erfahrungen, die wir machen, können als Lernfelder und Lernmöglichkeiten betrachtet werden. Extreme Erfahrungen beinhalten ein extremes Mass (enormes Potential), um zu lernen und zu wachsen. Diese benötigen jedoch mehr Zeit und Raum damit die Prozesse verarbeitet, durchlaufen und aufgearbeitet werden können. Wir haben also mit Tonnen an gegebenen Möglichkeiten und Versuchungen zu tun. Manchmal werden wir so überschwemmt, dass es uns konsumiert, uns vereinnahmt, so dass wir uns darin verlieren und vergessen können. Für Körper, Geist und Seele ist alles dabei. Und jeder für sich darf seinen Einklang damit herausfinden. Denn jeder hat seinen eigenen Rhythmus, seine ihm eigene Natur und Zeit. Das ist das, was anerkannt werden möchte. Als Grundlage, um auszuschöpfen und zu nutzen, was jeweils gegeben ist, dient die Achtsamkeit, Wertschätzung und Bewusstheit.

Wir haben ein wunderbares Instrument namens Körper, mit all seinen Muskeln, Organen und Funktionen. Er will gut genährt, gepflegt, umsorgt, entwickelt, kennengelernt und trainiert werden. Damit er seine optimale Leistung entfalten kann. Auf verschiedenen Leveln. Es präsentiert sich in millionenfacher Art und Weise und verhilft uns Unterscheidungsvermögen zu entwickeln. So können wir sehen, was uns von anderen unterscheidet und einzigartig sein lässt. Nur so. Das möchte anerkannt werden. Und nur das.

Der Fluss des Lebens hält so viel Unbekanntes, Unberechenbares, Wildes, Abenteuerliches, Aufregendes für uns bereit. Als Lernmöglichkeiten, damit wir Erfahrungen sammeln, üben, wachsen und Bewusstsein entwickeln können. Wenn wir es beurteilen, bewerten und forcieren fängt es an Schwierigkeiten zu bereiten. Jede Überbetonung, forcierte Hervorhebung einer Seite oder Möglichkeit von etwas, erzeugt Wertungen und Bedeutungen. Diese können dann dominieren und weitere Ausdrucksformen von Wertigkeiten kreieren. Sie führen raus aus der Balance (Mitte) und lassen Unverhältnisse/Ungleichgewichte entstehen.

Eine forcierte Hervorhebung von einer Seite, einem Wert, lässt automatisch den gegenteiligen Aspekt und Wert davon sichtbar werden. Denn es gehört zusammen. Es zeigt sich in unseren jeweiligen Realitäten.

Gegen den Strom (die Strömung)

Mein Ausgangspunkt im Fluss des Lebens befand sich an einer unwägbaren Stelle. Ich hatte schon gegen die Strömung zu schwimmen, um überhaupt ans Ufer zu kommen. Um dort anzukommen. An der Stelle im Fluss, wo ich mich befand und schwamm, sah ich manchmal andere Mitmenschen, wie sie mir entgegenkamen. Jene Momente, wo ich realisierte, dass sie, im Gegenzug zu mir, mit der Strömung trieben, während ich gegen sie schwamm. Dies wurde mir immer und vor allem dann bewusst vor Augen geführt, wenn viele oder mehrere Menschen zusammen in Gruppen oder beieinander waren. Sonst wäre es mir nicht aufgefallen. Ich war einfach nur geschwommen, angetrieben aus einer mir inne wohnenden Kraft.

Ich hatte früh zu lernen, dass Menschen nicht blieben, sondern weiterzogen. Getrieben oder mitgerissen von der Strömung des

Lebens. Keiner blieb lange neben mir oder überhaupt bei mir, da wo ich schwamm und mich jeweils befand. Anfangs war ich zu Tode betrübt. Es stimmte mich traurig. Versetzte mir einen Stich ins Herz, denn ich sehnte mich danach. Floss das Wasser seichter, ruhiger und klar, genoss ich den Spass oder die Situationen, mit jenen Menschen zusammen, die eine Weile an dieser Stelle mit mir verweilten. Doch der Fluss des Lebens veränderte ständig seinen Lauf, seine Strömung. Und so trieben die Menschen, denen ich begegnete und die eine kurze Zeit an dieser Stelle mit mir verweilten, weiter im Fluss des Lebens. Mitgerissen von der Strömung oder treibend. Ich hatte irgendwann aufgehört, Dingen, Situationen, Menschen lange nachzutrauern, oder Hoffnungen und Wünsche zu pflegen, die sich eh nicht erfüllten. Ich hatte mich jeweils der gegenwärtigen Realität zu stellen, die meine Aufmerksamkeit benötigte und forderte. Doch ab und zu kamen die Wehmut und deren Freunde Sehnsucht und Hoffnung zu Besuch. Es blieb jedoch meistens keine Zeit lange darüber nachzusinnen. Es ging um mein Überleben. Denn der Fluss des Lebens folgte seinen eigenen Gesetzen und seiner ihm eigenen Natur.

Und so habe ich erkannt, dass nicht ich mein Leben plane, sondern das Leben für mich. Das durfte ich akzeptieren lernen, um mich geschmeidiger und weniger anstrengend fortbewegen zu können. Es kostete mich sonst zu viele Reserven und Energie, mit der ich haushalten lernen durfte. Für mich war das Leben immer unvorhersehbar und nicht kontrollierbar. Diese Lektion hatte ich früh gelernt. Wer war ich, dass ich mich noch dagegen auflehnen würde? Doch glaube mir, ich hatte es getan. Mehrfach. Wiederholt, vielfach. Es führte immer zum Verlust. Es hat mich so viel Kraft und Energie gekostet und letztlich zurückgeworfen. Weggebracht von meinem ureigenen Pfad. Von meiner mir innewohnenden Kraft. Als ich dies endlich verstanden und akzeptiert hatte, wurde es leichter für mich. Diese Lektion war viel herausfordernder, als im Wasser verschiedene Formen des Schwimmens zu lernen. Oder Elemente zu nutzen und Tools zu entwickeln, um mich durch die verschiedenen Jahreszeiten des Flusses fortzubewegen. So wurde ich mental (geistig), körperlich (physisch) und auch emotional, seelisch (psychisch) trainiert und gestärkt. Es war mir nur nicht in seiner Ganzheit bewusst. Und schon gar nicht, wenn ich mich nur in einem Element von ihnen befand. Das meinen jeweiligen Fokus suchte und verschlang. Ich war und bin getrieben von Neu- und Wissbegier. Fast süchtig, Na gut: Ich bin süchtig nach Lernen. Geführt von einem inneren Kompass, einer viel größeren Kraft, die ich nicht wirklich kannte, dennoch folgen musste. Der stärkste Antrieb in mir. Meine Seele, mein ureigenstes Wesen. Mein Verstand und Ego haben im Fluss des Lebens oft etwas anderes vorgeben wollen. Er schien meiner inneren Führung entgegen. Ich wollte, musste und hatte zu überleben in den jeweiligen Realitäten und Begebenheiten, wo ich mich gerade befand. Ich hatte zu lernen, mit den Unwägbarkeiten und Schwierigkeiten zurechtzukommen. Und so war ich manchmal einfach nur froh, wenn ich auf andere, neue Menschen traf, die mit der Strömung kamen. Eine schöne Abwechslung. Es gibt nichts Schöneres als Freude zu teilen. Ich hatte so viel Spass und liebte die Zusammenarbeit mit anderen und die daraus resultierende Kreativität, die entstand. Das hat meine Leidenschaft entzündet, die ein Motor vieler Projekte war und ist.

Manchmal kam das Klammeräffchen in mir durch. Zeiten und Phasen, wo ich mich gerne an alles und jemanden geklammert hätte, weil es so gemütlich und kuschelig war. Doch die Gegebenheiten ließen es nicht zu, daran festzuhalten. Ich hatte früh zu lernen loszulassen. Doch es gibt verschiedene Schwierigkeitsgrade beim Loslassen. Es ist einfacher gesagt als getan. Das waren jene Momente, wo in mir Fragen und Zweifel auftauchten. Warum? Wofür? Sonst noch etwas? Ich war manchmal so müde und erschöpft, einsam und teilweise am Rande des Ausgezehrt seins, dass ich mir wünschte, wie alle anderen einfach mit der Strömung treiben zu können. Spass haben, die Annehmlichkeiten des Lebens genießen, einfach sein und nichts tun. Doch jedes Mal, wenn ich dies tat, musste ich zurück zu meinem letzten Ausgangspunkt, um vorwärtszukommen. Denn meine Ausrichtung und mein innerer Antrieb wollten ganz klar in die entgegengesetzte Richtung. So bin ich immer wieder auch dagegen angegangen. Wenn der Verstand das eine will und die Seele etwas ganz anderes. Das ist so ein innerer Konflikt, den ich mit mir geführt habe. Doch schlussendlich wollte ich zur Quelle, damit ich irgendwann mit der Strömung treiben kann, mich fallen lassen kann. Der Ruf meiner Seele war mein Kompass. All die Türen, die mir vor der Nase zugestoßen wurden, all die Ausschlüsse und Chancenlosigkeiten sollten mir zeigen, dass meine Seele ihren eigenen, spezifischen Weg gehen will, der so gar nicht der gängigen Norm entsprach. Ich fand das oft nicht lustig, wenn ich ehrlich bin. So habe ich meine eigene Seele bekämpft. Mich gegen diesen Weg gewehrt und mich geweigert, ihn zu gehen. Beziehungsweise zu schwimmen. Mit schwerwiegenden Folgen. So kam der Punkt im Leben, da hatte ich gar keine andere Wahl, als dies endlich voll und in seiner Ganzheit zu akzeptieren.

Konditioniert, um zu überleben

Mit dem Erwachen meines Bewusstseins, dass ich eben nicht der Norm entspreche und gegen die Strömung schwimme (mit Ausnahmen natürlich), fing ich an, jede Begebenheit, jedes Ereignis, jede Person, jedes Wesen, jede Gelegenheit zu erkunden, zu nutzen, kennenzulernen, zu studieren, um Fähigkeiten, Wissen und Stärke für mich zu generieren. Ich konnte nicht anders. Der Drang war so stark. Zurückgehen war nie eine Option für mich. Und so tauchte ich in immer neuere Dimensionen des Seins ein. In immer tiefere Gefilde und Schichten des Unterbewusstseins, der menschlichen Natur. Ich trainierte meine Achtsamkeit, meine Fähigkeiten, meine Ausdauer und Stärke. Auch meine Geduld, denn ich war alles andere als das. Ich nutzte meine Furchtlosigkeit und meinen Mut, das Wissen der gemachten Fehler und Erfahrungen, der mich jeweils umgebenden Natur und dem, was sich präsentierte, um weiter auf meinem Weg zu bleiben. Gleich welche Widrigkeiten auch auftauchten, ich fing immer mehr an, ihnen zu trotzen oder sie als Stufe des Lernens zu nutzen. Ich fing an, mir zu vertrauen. So fiel es mir immer leichter und natürlicher, gegen den Strom zu schwimmen. Meiner inneren Ausrichtung folgend, zu meiner Quelle. Zu mir, um mich selbst zu finden und das, was mich treibt.

Und so sah ich die Menschen im gleichen Fluss schwimmend an mir vorüberziehen. Sah ihre Köpfe, ihre Körper, ihr Sein, ihre Potentiale und wie sie genutzt werden oder eben auch nicht. Alle Formen des menschlichen Seins bis in die Tiefe. Die verschiedenen Facetten von Liebe, Angst, Freundlichkeit, Freiheit, Glück, Freundschaft und Zufriedenheit. Von Leid, Schmerz, Trauer und Wut. Auch die Gesichter von Hass, Gewalt und Niedertracht tauchten in unterschiedlichen Varianten auf, sodass ich auf feine Unterschiede aufmerksam wurde. Viele ungemütliche Gesellen, die mir fremd waren, Angst machten, erschienen manchmal an der Oberfläche. Einige umkreisten mich eine ganze Weile oder überfielen mich von hinten, attackierten mich und holten sich ihren Spass, um dann weiterzuziehen. Oft unerkannt und anonym. Und so habe ich mich mehr oder weniger (un-) bewusst konditioniert und trainiert, gegen die Strömung zu schwimmen, mich dem zu stellen, zu lernen und zu überleben.

Auf dem Weg zur Quelle, im Fluss des Lebens, gab es viele Stromschnellen, Hindernisse, Schwierigkeiten, Blockaden, Widrigkeiten, die es zu überwinden galt. Mal war der Fluss wild, geradezu aufbrausend, schlammig, dunkel, überwältigend und mitreißend, während er ein anderes Mal ganz ruhig, seicht, klar und friedlich verlief. Es gab auch Dürreperioden und Phasen der Stillstände. Wenn der Fluss nur wenig oder kein Wasser führte. Das waren die Situationen, wo nichts mehr ging und ich Halt machte. So erkundete ich die Umgebungen, Landschaften, mit ihren Menschen, die dort lebten. Jene Abschnitte und Momente, wo wir unsere Erfahrungen erweitern, neue Fähigkeiten entwickeln, lernen und wachsen können. Jeder Moment sah anders aus und konnte sich urplötzlich verwandeln. Das Wetter schlug um, oder es gab Veränderungen der Umgebung und Menschen. Ich wusste nie, was kommt oder was mich erwartete. Ich habe mich einfach hineinbegeben, mich orientiert und versucht anzupassen. Auch mich zu verbiegen, um es kennenzulernen. Ich hatte zu lernen, Vertrauen in den Fluss des Lebens zu entwickeln. Doch das braucht Zeit. Es gab Momente, wo ich so an die Grenze meiner Kräfte kam, dass ich aufgeben wollte. Oder wo ich Fehler gemacht und Fehlentscheidungen getroffen hatte, die ich unmittelbar auszubaden hatte. Manchmal wusste ich nicht, wie mir geschah. Augenblicke, wo ich mich total verloren habe. So blindlings, dennoch offen und neugierig, bin ich in Situationen hinein gegangen. So habe ich gelernt, dass alles, wirklich alles im Leben Konsequenzen hat. Jede Entscheidung, jede gesetzte Intention, jede Handlung, jedes Verhalten hat ihre Konsequenzen. Ich habe sie immer unmittelbar erfahren und getragen. Oft habe ich auch Konsequenzen getragen und erfahren, für die ich nicht zuständig war und die auf mich abgewälzt wurden. Das war harter Tabak für mich, den ich zu mir nehmen musste. Ich sah, wie Menschen tatsächlich glauben, dass sie machen können, was sie wollen oder sich verhalten können, wie sie wollen, ohne dass es Konsequenzen für sie mit sich zieht. Ich für mich habe erfahren, dass dies der größte Irrtum und Fehlglaube ist, den wir Menschen begehen können. Kurzfristig mag das so erscheinen, doch niemals langfristig.

Perspektiven und Ebenen zu Themen: Auseinandersetzungen, Streit, Probleme, Konflikte, Kämpfe und Krieg

Schwierigkeiten, Auseinandersetzungen und Konfliktsituationen haben den größten Teil meines Lebens bestimmt. In mir selbst und im Aussen. Was steckt wirklich dahinter. Das wollte ich herauszufinden. Warum Hilfe an ihre Grenzen stösst bzw. oft nicht als solche erkannt, angenommen und wertgeschätzt werden kann, waren einige Fragen, deren Antworten ich suchte.

Während mir Menschen begegnen (eins zu eins) und wir miteinander umgehen, austauschen, sprechen, uns verhalten, befinde ich mich gleichzeitig und bewusst immer auch mit meiner Energie auf verschiedenen anderen Ebenen und Dimensionen, in unterschiedlich stattfindenden Zeitabschnitten von Ereignissen. Das bedeutet, dass meine Energie immer gegenwärtig ist, jedoch andere Teile meiner Energie auch in weiteren, verschiedenen Szenarien und Geschichten zur gleichen Zeit sind. Bei mir und anderen wahrnehme. Ich absorbiere Energien, mit ihren Emotionen, Intentionen und mehr. Und ja, Blicke, Gedanken und mehr können verletzen, doch auch viel Heilendes bewirken.

Was heißt das? Beispiele:

Wenn ich Mails oder Briefe bekomme, nehme ich immer auch die Intentionen und Gefühle wahr, die damit verbunden sind. Ich habe mal einen Brief, von einer mir bekannten Person bekommen. Als ich den Brief, mit einem unguten Gefühl öffnete, kam mir im wahrsten Sinne ein Faustschlag ins Gesicht. Der Brief war so hasserfüllt und niedermachend, wie ein Faustschlag ins Gesicht.

Wenn jemand krank ist, spüre ich die Schmerzen, Wenn jemand z.B. durch eine Chemotherapie ging spürte ich die Auswirkungen dieser durch meinen gesamten Körper. Ich kotzte, was das Zeug hält. Das ist übel. Ich sehe schon aus weiter Ferne, wenn Leute nichts Gutes im Sinn führen, zum Beispiel mich bestehlen wollten. Und so fort.

Einmal saß ich mit einer engen Freundin zusammen, bei ihr zu Hause. Wir genossen gemeinsame Zeit. Und während wir so saßen, es uns gut gingen ließen und Tee tranken, erzählte sie mir von ihrer neuen Mitarbeiterin, die für sie arbeitete. Ich kannte diese nicht. Doch während sie über diese erzählte, passierte es. Sie sprach über diese Mitarbeiterin, während ich präsent auf der

Couch saß und ihr zuhörte, doch gleichzeitig mit einem Teil meiner Energie in der Gegenwart dieser Mitarbeiterin landete. Unmittelbar. Denn sie befand sich gerade in einer bedrohlichen Situation. Ihr stand ein Mann gegenüber, draußen am Gartentor, der sie am Hals würgte. Und ich war mit einem Teil meiner Energie dabei und sprach auf sie ein. „Bleibe ruhig", sagte ich. „Bleibe ruhig und sei still. Bleibe ruhig." Ich musste diesen Satz ganz oft sprechen, denn sie war sehr aufgeregt und wollte dagegen angehen. Es war eine sehr bedrohliche Situation. Mit einem anderen Teil meiner Energie sprach ich auf den Mann ein. Mit der ruhigen, heilsamen Präsenz meiner Energie wirkte ich auf jede Seite und die Situation ein. Kraft meiner Gedanken, meines Bewusstseins. Während meine Freundin und ich auf der Couch sassen und miteinander sprachen. Ich teilte ihr mit, dass ihre Mitarbeiterin sich gerade in einer bedrohlichen Situation befindet und ich gleichzeitig mit meiner Energie vor Ort bin und einwirke. Jeder normale andere Mensch hätte mich spätestens hier in die psychiatrische Klinik einweisen lassen. Doch sie nicht, sie wusste. Deshalb war sie meine Freundin. Ich erzählte ihr, dass ihre Mitarbeiterin von einem Mann am Hals gewürgt wird und es nahe dem Eskalieren ist. Und, dass ich versuche, die Situation zu beruhigen. Meine Freundin schaute erstaunt und gleichzeitig aufgeregt, wie es weitergeht. Und dann, nachdem ein Teil meiner Energie auf beide Seiten einwirkte, löste sich die Spannung auf. Beide ließen voneinander ab. Sie waren wie geschockt. Sie haben nämlich erkannt, wie sie sich von ihrer Wut treiben ließen und sich selbst dabei vergessen hatten. Nun war die Spannung raus und sie wieder bei sich. Der Verstand war eingeschaltet. Meine Freundin ließ ich an dem Prozess teilhaben, indem ich ihr erzählte, was parallel abläuft. Später verabschiedeten wir uns. Am nächsten Morgen ging mein Telefon. „Manuela", rief meine Freundin aufgeregt ins Telefon. «Manuela, du musst so schnell, wie möglich ins Studio zu mir kommen. Meine Mitarbeiterin ist da und hat mir von ihrem Erlebnis gestern berichtet. Du musst kommen und es dir anhören." Na, bei so einer Einladung kann ich nicht widerstehen. Und so fuhr ich mit meinem

Auto dorthin. Angekommen, empfingen mich beide aufgeregt. Wir nahmen in einem hinteren, separaten Raum Platz. So lernte ich die neue Mitarbeiterin meiner Freundin persönlich kennen. Und sie fing an, zu erzählen, was ihr gestern passiert war. Dass sie von ihrem Nachbarn draußen angegriffen wurde und er ihr an den Hals ging. Im wahrsten Sinne des Wortes. Sie war voller Angst und Panik, versuchte sich zu wehren. Doch dann kam die Energie, wo sie ganz ruhig wurde und alles sein ließ. Wie eine Stimme, die zu ihr sprach: „Sei ruhig. Bleibe ganz ruhig. Sei ruhig …" Und so beruhigte sie sich, hörte auf zu reagieren und ließ los. Bis sich die Situation veränderte und der Mann, ihr Nachbar, von ihr abließ. Sie berichtete, dass beide wie erstarrt und fassungslos über das Geschehene dastanden, um sich dann zu verabschieden. Meine Freundin und ich sahen uns lächelnd an. Denn wir hatten etwas entdeckt. Faszination machte sich breit. Und sie erzählte der Mitarbeiterin, was sie gestern mit mir erlebt hatte.

Weitere Beispiele? Vielleicht. So nehme ich ein anderes hinzu. Meine Tochter, ca. 5 Jahre alt, wollte alleine mit dem Fahrrad zu ihrer Tanzstunde. Es war das erste Mal. Kein ganz ungefährlicher Weg, denn es gab nur Straße. Kein Fahrrad oder Gehweg. Doch ich gewährte. Es war viel los. Viel zu viel. So blieb ich draußen, vor dem Haus, auf der Straße stehen und präsent, verbunden mit meiner Tochter. Ich rief ihr noch hinterher: „Halte dich rechts. Fahre rechts." Um gleichzeitig feststellen zu müssen, dass sie nichts hörte, denn sie war bei sich. Ich blieb präsent und wie angewurzelt stehen. Sah, wie sie in der scharfen Linkskurve auf ihrem Fahrrad verschwand. Mein Gehör bekam plötzlich eine neue Dimension der Aktivierung. Denn der Verkehr und Lärm der Autos und all der Geräusche von Handwerkern war enorm. Und so vernahm ich, kurz nachdem meine Tochter um die Kurve fuhr, einen Hauch von scharfem Bremsen, ein Quietschen und einen Zusammenstoß, um gleich darauf meine Tochter zu hören. Alles eingehüllt im Lärm der Umgebung. Ich lief los. In Richtung, wo meine Tochter verschwunden war. So schnell ich konnte. Bei der Kurve angekommen, sah ich, dass ein Motorroadfahrer mit meiner Tochter zusammengekracht war. Seine Maschine und er lagen am Boden. Ich sah, wie sein Adrenalin hochfuhr. Das Fahrrad meiner Tochter lag unter dem Motorrad. Sie weinte und zitterte. Mit Schrammen und Blut an den Beinen stand sie am Rande und Schutz einer Hecke. Ich nahm sie in meine Arme, um sie zu beruhigen. Gleichzeitig war ich beim Motorradfahrer. Beide standen unter Schock. Ich übernahm ganz (energetisch gesprochen). Sie hatten beide unfassbares Glück und waren relativ unversehrt. Meine Energie arbeitete. Bis mein Körper selber zu zittern anfing. Das passiert meistens, wenn mich etwas viel Energie kostet. Und so verweilten wir in diesem Moment, bis wir handeln konnten, um die Straße freizumachen und uns um das Motorrad, das Fahrrad und uns selbst zu kümmern.

Ich nehme also anders wahr als meine Gegenüber. Absorbiere Energien. Es war ein langer Prozess, bis ich es wirklich in seinem Ausmaß erfassen und verstehen konnte. Denn es kann ein Fluch und Segen zugleich sein. Doch ich verstand immer mehr, warum mein Verhalten manchmal sehr verwirrend für meine Gegenüber sein musste. Für mich war dies lange Zeit ebenso. Doch ich lernte Dinge, Themen, Menschen, Situationen und mich von verschiedenen Seiten anzuschauen, zu beleuchten, aus einer höheren, tieferen, umfassenderen Sichtweise heraus. Es verhalf mir den Kontext zu erfassen, zu überblicken, indem ein Verhalten bspw. passiert. Wir wundern uns oft über Verhalten und Reaktionen eines Gegenübers. Richtig? Viel und leicht bringt es Abwehrmechanismen (Widerstände) zum Vorschein, die aktiviert werden. Ein Zeichen dafür, dass etwas nicht gesehen, erkannt und verstanden wird. Und was ich nicht (an-) erkennen kann, lehne ich erst einmal ab. So habe ich mich an die Bewusstseins- und Erkenntnisarbeit gemacht und lernte nebenbei, nicht immer gleich auf alles und unmittelbar zu reagieren. Sondern ruhig zu bleiben, abzuwarten und zu beobachten, wahrzunehmen. Jedes Mal, wenn ich dies tat, löste sich eine Spannung auf. Verlor ihre Kraft. Manchmal bekam ich eine Resonanz, ein Feedback. Es hat mich motiviert und mir gezeigt, dass dies der richtige Weg für mich ist. Ich wollte die Energien, die sich auf unsere Verhaltensweisen auswirken und die ich wahrnahm, auf verschiedenen Feldern beleuchten. Das hat mich zu verschiedenen Disziplinen (unter anderem Quantenphysik, Epigenetik, Sozialpsychologie) geführt.

Ich hätte auch im Feld der Ablehnung, Verteidigung und Abwehr, in alten Verhaltensmustern bleiben können, doch das war frustrierend. Es hatte mich nie weitergebracht und nur in Teufelskreisläufe katapultiert, aus denen ich versuchte, auszusteigen. Und zwar bewusst. Das konnte ich nur, wenn ich da näher, tiefer hin leuchtete. Ich wollte es verstehen und greifen können. Mir war klar, dass ich eine Spiegelbildfunktion für meine Gegenüber war und bin. Alles, was sie bei, an und in mir ablehnten oder anerkannten waren Anteile und Aspekte ihres eigenen Selbst. Energien, die sie bei sich anerkannten, oder ablehnten und nicht integriert hatten. Im gleichen Maß dienten auch sie mir als Spiegelbildfunktion, was mir half Bewusstsein zu entwickeln. So ging ich auf Entdeckungsreise. Mit dem Forscher in mir bin ich sowas von befreundet. Fokus auf Menschliches Verhalten und warum und wieso Hilfe überall an ihre Grenzen stösst? Wie wirkt sich Bewusstseins- und Erkenntnisarbeit, Reflektionsarbeit, als Tool für Selbst Empowerment und Instrument zur Heilung seelischer, psychischer und emotionaler Verletzungen und Wunden im Menschen, aus? Ich nehme es vorweg. Hilfe kommt an ihre Grenzen, weil ganzheitliche, Kontextbezogene, erweiterte Perspektiven ausser Acht gelassen werden. Was, wie und wem ein Wert zugesprochen wird hat ganz viel mit unserem Fokus zu tun. Etablierten Normen und gesellschaftliche Entwicklungen, Konditionierungen, Identifikationen, Vorstellungen, wie etwas zu sein hat spiegeln das wider. Lieblingsthemen aller Menschen, nicht wahr? Diese Prozesse und Vorgänge waren, auf verschiedenen Ebenen, ein grosser Konflikt in mir und im Umgang mit Anderen. Denn wenn ich auf etwas aufmerksam machte, weil ich nicht wegschauen, darüber hinwegsehen oder schweigen konnte, wurde dies oft als eine Bedrohung für das empfunden, was aufrechterhalten bleiben wollte.

Der menschliche Verstand kann diese Vielzahl an Perspektiven, auf unterschiedlichen Ebenen unseres Seins (Gefühlsebene, Verstandsebene, seelische, psychische und physische Ebene, spirituelle Ebene, Mikro-, Makro-, Mesoebene usw.), in diesem Ausmaß kaum erfassen. Zum Glück gibt es so viel Materialien, Inspirationen, Beiträge zu diversen Bereichen, die uns eine Idee, eine Ahnung anhand von Bildern, Informationen und Wissen vermitteln. Unseren Horizont und das Vorstellungsvermögen erweitern, wenn wir es zulassen und uns dafür öffnen. Nehmen wir den Gesundheitsbereich als Beispiel. Diagnosen sind sogenannte Kategorisierungen von Zuordnungen, Merkmalen, Symptomen, Indizien. Sie verhelfen uns, Konzepte für ihre Behandlungen zu kreieren, zu entwickeln. Die wir dann als Richtlinien, Orientierungspunkte, Bedienungsanleitungen nutzen. Beispiel psychische Störungen, deren Fallzahlen und diagnostizierte Krankheitsfälle in den letzten Jahren einen rasanten Schub erfahren haben. Tendenz steigend, explodierend. Psychische Störungen, wie Persönlichkeitsstörungen, Schizophrenie, oder Borderline, Selbstverletzungen, Essstörungen, Depressionen, Burnout sind ein paar Beispiele. Diese Zuordnungen helfen, dass Menschen nachvollziehen, eine Zuordnung machen und besser damit umgehen können. Doch sie sind im gleichen Maß auch Schubladen, aus denen es schwer ist rauszukommen, wenn man einmal darin steckt. Genau da liegt ein Knackpunkt. Denn oft kann das eigentliche Problem nicht gelöst werden, oder nur punktuell, weil aus einem begrenzten Rahmen herausgeschaut, gehandelt und behandelt wird. Da nützt es auch nichts, wenn wir uns mit Medikamenten oder Substanzen abfüllen, die größtenteils betäuben. Oder zig Maßnahmen durchsetzen und führen, um das Problem als erledigt abhaken zu können. Es fixt das Problem mehr, als dass es wirklich gelöst wird. Nur in wenigen Fällen ist es wirklich unterstützend, hilfreich, ein Wendepunkt. Im Grunde wird durch das Zuweisen und einordnen anhand von Merkmalen, Kategorien verhindert, dass eigentlich wirkende Energien (dahinter) aufgelöst und freigesetzt werden. Und so erzeugen wir, ob wir es wahrhaben wollen oder nicht, immer mehr Abhängigkeiten,

Stress, Schwierigkeiten, Probleme und Konflikte, statt sie zu lösen. Jeder Widerstand (innere Abwehrhaltung) ist ein Zeugnis dafür. So dienen Diagnosen oder Krankheitsbilder, zum Beispiel als Ausdruck dessen, wie der Verstand es, seinem Entwicklungsstand entsprechend, verstehen, nachvollziehen kann und zuzuordnen in der Lage ist. Sie dienen allen Seiten auch als Alibifunktion und jeweilige Berechtigungsgrundlage. Sie lassen uns nicht mehr wirklich die volle (Eigen-) Verantwortung tragen und erfahren. Zumindest habe ich das zu 99 % beobachtet.

Ich hatte enorme Abwehrreaktionen entwickelt gegen diese Schubladisierungen. Denn ich habe ihre Auswirkungen und damit verbundene Dynamiken auf allen erdenklichen Ebenen meines Seins selber erfahren. Es katapultiert uns Menschen auf ein Abstellgleis. Ausnahmen bestätigen die Regel. Ich habe es als schmerzvoll erfahren, in Schubladen gesteckt oder auf etwas festgelegt zu werden. So fing ich an, mich zu weigern, da rein stecken zu lassen oder andere in Schubladen stecken zu wollen. Mit Labels und Etiketten versehen, be- und verurteilt und auf eine Rolle festgelegt. Ich war und bin nicht gewillt, auf diesen Zug aufzuspringen. Denn es dient einem Heilungsprozess auf emotionaler, psychischer oder seelischer Ebene nur bedingt. Es stellt eine Einschränkung dar. Eher hinderlich als Heilungsfördernd. Auch, wenn ich es in meinem Menschsein selber getan hatte. Das gehört zum Lernfeld und Entwicklungsprozess dazu. Meine Abwehrreaktion hat sehr oft eine Abwehrreaktion beim Gegenüber ausgelöst oder provoziert. So schaukeln sich dann manchmal Sachen hoch, bis es knallt. Das führte mich zu den Erfahrungen, oft und meistens nicht verstanden zu werden. Ich habe mich selten abgeholt, richtig verstanden gefühlt, weil ich mich selber nicht richtig abgeholt und verstanden habe. Es wurde kaum aufrichtiges Interesse gezeigt, um richtig zu verstehen. Als Reflektion dafür, dass ich selber kaum Interesse für mich und diese inneren Vorgänge aufbringen konnte. Ich habe mich dann missverstanden gefühlt, folglich dessen, weil ich mich selber nicht richtig verstanden habe, was da alles in mir vorging. Kein Wunder, dass mich viele Leute für verrückt gehalten haben, für schräg und psychisch krank. Mir ihre Etiketten und Schubladisierungen zuwiesen. Die einen Teil meiner Identifikationen und unbewussten Glaubenssätze ausmachen sollte. Schlimmer noch, verstärkten. Weil, wenn du das permanent, oft genug und wiederholt hingeworfen bekommst, fängst du an, es zu schlucken und zu glauben. Als Nahrung zu nehmen, weil du nichts anderes bekommst. So entwickeln wir Glaubenssätze, übernehmen und integrieren sie in unsere Psyche, programmieren uns.

Mein Verhalten war für andere meistens unberechenbar, oft nicht nachvollziehbar, unverständlich. So auch für mich, lange Zeit. Denn dieses Bewusstsein konnte sich erst im Laufe der Zeit voll entwickeln. Je nachdem, wie ich mir die Zeit nahm, dort genau, in mich zu schauen. Auf jeden Fall sorgte es für genügend Missverständnisse und Fehlinterpretationen auf allen Seiten. Das Verhalten von Menschen ist immer gefüttert aus manifestierten Energien, verschiedenen Dimensionen unseres Menschseins, aus unterschiedlichen Zeitfenstern, die gerade offen sind und in der Gegenwart aufeinanderprallen. Für mich hat sich dies oft auch als kleiner Krieg der Atome gezeigt. Die Aneinanderreihungen von Ereignissen erzeugen Spannungen, die sich über Auseinandersetzungen zu Konflikten, Störungen, Krisen ausweiten können. Im eigenen Innern, wo wir widersprüchliche Energien am Wirken haben, sich bekämpfen. Und im Außen als Reflektion. Denn wenn mein Gegenüber die gleichen Energien am Start hat, werden diese aktiviert und los geht's.

Lasst uns tiefer hinschauen, mit dem Blick der Quantenphysik!

Es wird etwas wissenschaftlich, um die feinstofflichen Ebenen zu vermitteln und den Blickwinkel zu erweitern. Immer im Fokus auf menschliches Verhalten und Dynamiken. Eine andere Sichtweise als Ausdruck von Möglichkeiten. Unser Körper ist Energie. Er besteht aus unterschiedlichen Energieteilchen, die alle ihre eigene Bezeichnung haben. Ich möchte meinen Blick auf die „freien Radikale" lenken, als Beispiel. Sie bilden eine Grundlage (Fundament) unserer künstlichen Intelligenz. „Freie Radikale" sind Moleküle, Ionen, Atome mit einem ungepaarten Elektron. Das heißt, ihnen fehlt etwas, um sich vollständig zu fühlen, zu paaren. So suchen sie in unserem Energiefeld andere Elektronen, um sich mit ihnen zusammenzuschließen. Sie kommen oder bilden sich in unserem Körper. Welcher sich aus Energie formatiert und manifestiert hat. (Wir sind nicht unser Körper. Sondern unser Körper ist eine Manifestation unseres Energiefeldes.) Die „freien Radikale" mit den ungepaarten Elektronen holen sich das ihnen fehlende andere Elektron aus den gesunden Zellen unseres Körpers. Das bedeutet, dass Grenzen überschritten und durchbrochen wurden. Im eigenen Innern. Diese gesunden Zellen wiederum, denen ein Teil ihrer Energie genommen (gestohlen) wurde, vermissen das ihnen durch die „freien Radikale" genommene geklaute Elektron. Um sich selbst wieder zu vervollständigen, gehen sie dann ebenfalls in Aktion. Ein Spiegelbild der Intelligenz und Brillanz, unseres Funktionierens, unserer Zellen (Zellkörper), unserer Organe, unseres Körpersystems. Sie werden also aktiv und aktiviert, um sich die Energie zu holen, die sie brauchen. Doch unglücklicherweise holen oder nehmen sie sich diese aus den benachbarten, umgebenden anderen, gesunden Zellen in deinem Körper. Was sich dann umschlagen kann, sodass sie sich gegenseitig angreifen, bekämpfen. So entstehen, für uns unmerklich, Verwicklungen, Verstrickungen von Beziehungen, im eigenen Innern. Nicht wahrnehmbar. Unsichtbar. Kleine Konflikte, Kriege im eigenen Körper und Energiesystem. Was sich dann im Außen widerspiegelt. Ich gehe dem mal weiter nach. Wenn du nicht folgen magst, was nachvollziehbar ist, dann überspring doch einfach. Obwohl es wichtig und wesentlich sein könnte.

So besteht die hohe Wahrscheinlichkeit, dass diese Energien („freie Radikale") die Verursacher vieler Kämpfe, Konflikte, zerstörerischer Gewalten und Dynamiken im Innern, wie im Außen sind. Durch menschliches Verhalten sichtbar gemacht. Wir können es auch als Energie-Vampirismus, im eigenen Körper, bezeichnen. Und wir Menschen – ohne Ausnahme – sind alle davon betroffen oder involviert, in solche Prozesse. Mal mehr und mal weniger. (Wenn du jetzt gerade denken solltest, ich nicht oder ich weniger, ich habe das bewusst und unter Kontrolle, oder das ist doch Quatsch, dann sind deine Abwehrmechanismen, Glaubenssätze etc. voll aktiv. Doch lasst uns weiter gehen.) Wenn wir als Person zu viele von diesen Zellen, sprich Molekülen, denen ein Elektron fehlt und es sich woanders holen muss, im Körper haben und in uns tragen, wirkt dies nach außen. In der einen oder anderen Form. Sie bestimmen unser menschliches Sein, unsere menschliche Ganzheit, in Form unseres Körpers, unseres Handelns. Alles schön unbewusst. Und weil uns das nicht bewusst ist oder wir es nicht wahrnehmen, weil der Fokus gar nicht dort liegt, agieren/reagieren wir meistens aus dieser unbewussten Tatsache heraus. Wir begegnen anderen Menschen (was wir ständig tun) oder Gruppen, Umfelder (Gesellschaftsformen, Lebenswelten), die dann wiederum eine Wiederspiegelung von dem abgeben, was in deinem Inneren, in deinem Energiesystem – als Verwicklung und Verstrickung von Energien – stattfindet. Das können Dynamiken, z.B. Empath vs. Narzisst sein, oder die Rollen: Opfer, Täter, Retter präsentieren. Gleich wie. Es geht immer um nehmen/holen und geben. Als negative Komponente assoziiert. Wir ziehen diese Energien also im Außen an, als Spiegelbild und Reflektionsmöglichkeit von dem, was sich im eigenen Innern abspielt und stattfindet. Bis in das kleinste Energieteilchen, die kleinste Zelle. Je nachdem, wo in unserem Körper zu viele freie Radikale sich ein Elektron (ihre Energie) geholt und genommen haben, oder abgegeben haben, übt es einen unmittelbaren Effekt auf unseren Körper, unser System aus.

Das schließt die Organe ebenso mit ein wie unser Vermögen zu denken oder zu fühlen. Denn es stimuliert und reicht Signale an unser Gehirn weiter.

Wenn zum Beispiel der Bereich unseres Instinktes zu viele freie Radikale im Feld hat, dann besteht die Möglichkeit, dass sie sich verfangen, umschlingen, verwirren und verbinden mit deinen anderen Organen und Energiesystemen (Herzchakra, Kehlkopf-Chakra usw.). Als Angriff erfahren, versuchen diese es zu blockieren, herunterzufahren, dicht zu machen, um sich zu schützen. (Kein Wort rausbekommen, einen Frosch im Hals sind mögliche Ausdrucksweisen.) Das Blockieren gibt Signale an das Gehirn weiter, welches aktiviert ist. Überaktiviert wird, weil innere Abwehrmechanismen stimuliert wurden. Das Gehirn versucht, es einzuordnen, zu analysieren, zu helfen, zu verstehen, um entsprechend zu agieren, zu reagieren. Und wenn wir uns dessen nicht bewusst sind, was wir meistens nicht sind, dann tauchen halt Bewegungen, Verhaltens-Originalitäten auf, die das Resultat dieser unbewussten Reaktionen sind. Oft für beide Seiten nicht nachvollziehbar, missverstanden, fehlinterpretiert. Das Gehirn versucht, diese Signale zu verarbeiten, zu alkalisieren, was sich durch schnelles Atmen, Zittern, Krämpfe, Schwindelgefühle, bestimmte Stoffwechselvorgänge etc. äußern kann. Und wenn unsere anderen Energiesysteme nicht mit an Bord sind, mit diesen Vorgängen nicht in Verbindung stehen, oder antioxidieren, sprich chemisch reagieren, um diese Vorgänge zu verhindern, dann fangen wir an, über zu reagieren. Wir kommen zum Beispiel zu sehr ins Denken (verlieren uns in Gedankenkreisläufen), ins Überanalysieren. Eine Form der Kompensation. Des Ausgleichversuches dieser vor sich gehenden Prozesse, in anderen Energiesystemen, wo etwas fehlt. Bildlich vergleichbar mit einer großen Passagiermaschine (Flugzeug), wo ein Motor ausfällt. Um die fehlende Kraft und Energie des Motors zu kompensieren, werden alle möglichen Hebel in Bewegung gesetzt und Energiezentren aktiviert, um hochzufahren. Damit die fehlende Energie (des Motors) kompensiert, sprich ausgeglichen wird. Unser Körper ist so intelligent, dass verschiedene Energiesysteme in ihm überaktiv versuchen werden, das Ungleichgewicht – verursacht durch die freien Radikale – auszugleichen. Wo immer etwas fehlt.

Auf das Verhalten und Handeln von uns Menschen runtergebrochen: Wenn wir uns nicht darum kümmern, es ignorieren, uns mit anderen Sachen ablenken, uns mit Substanzen betäuben, da nicht hinschauen, ihm keine Beachtung schenken und unbewusst, gleichgültig oder nicht selbstdiszipliniert bleiben, dann fusionieren diese Energien. Auf Grund fehlender Selbstfürsorge und Zuwendung. (Mit Bild der Passagiermaschine gesprochen: es stürzt ab.) Dies sorgt dafür, dass diese Felder der „freien Radikale" immer größer werden, was sich wiederum im Außen spiegeln kann. Durch Verstrickungen, Verwicklungen und Begegnungen mit Menschen, Situationen, Gegebenheiten, Umgebungen. Offenbart durch Rollenverhalten, wie zum Beispiel: Opfer, Täter, Retter, gebende und nehmende Personen und so fort. Chemisch (feinstofflich) können diese Prozesse, die da ablaufen, Toxoplasmose (Infektionen, ausgelöst durch Parasiten) verursachen. Sogenannte toxische Beziehungen, die Entzündungsherde bilden. Weil sie nicht geachtet, erkannt, nicht verarbeitet und verdaut bzw. umgewandelt werden. Viele Formen von Krankheiten setzen hier an.

Ein anderes Sinnbild und Beispiel aus der Forschung. Man hat Katzen und Ratten, die mit Toxoplasmose (bogenförmiges Protozoon mit parasitischer Lebensweise) infiziert waren, untersucht. So fand man heraus, dass Ratten sich sexuell angezogen fühlten von Katzen. Die Katze hatte Null sexuelles Interesse an der Ratte. Für die Katze wurde es ein Vorteil. Ein Katze-Maus-Spiel also. Jäger und Gejagte. Verstecken, Such-und-finde-mich-Spiel. Es konnte eine Verbindung zu der Nahrung hergestellt werden, die beide gleichermaßen zu sich nahmen (z. B. Fleisch, Umfeld). Übertragen wir dies auf das Verhalten von uns Menschen, finden wir diese Dynamiken, beispielsweise in unterschiedlichen Rollen wieder, wie Vorgesetzte/r und Untergebene/r, Jäger und Gejagte, Bettler und Millionär, Opfer, Täter und mehr. Themenbereiche, mit denen wir im Alltag und Miteinander zu tun haben. Eine Reflektion dessen, was im Innern jeweils stattfindet. Sie dienen dafür, diese Prozesse bewusst werden zu lassen. Sie geben uns Anhaltspunkte, wie uns unsere Beobachtungen und Programmierungen beeinflussen, uns involvieren, in Mitleidenschaft ziehen. Sie üben einen Effekt auf unser Körpersystem, auf unseren Körper aus, auf einzelne Organe, auf jede einzelne sich darin befindliche Zelle. Umso wichtiger, dass wir uns dessen bewusstwerden und sind. Damit wir solchen Dynamiken bewusst entgegenwirken können. Dagegen steuern lernen. Auf eine andere Ebene unseres Verhaltens übersetzt: Dass wir eben nicht alles schlucken und hinnehmen, was andere Leute uns sagen oder vorsetzen. Das beginnt manchmal mit einem kleinen Satz, wie: „Du bist so hässlich, so blöd oder gestört." Dann macht es manchmal Sinn, zu entgegnen: „Nein bin ich nicht. Was du beschreibst ist nur eine Reflektion deiner eigenen hässlichen Seite, deiner eigenen Unbewusstheit, deines eigenen Gestört seins, welches hier und jetzt deutlich wird." Dann ist das Gegenüber abgeblockt. (Aus dem Blickwinkel der freien Radikale ergibt diese Entgegnung einen anderen Sinn, nicht wahr? Es kann keine Beleidigung mehr sein, sondern ein respektvolles Erkennen.)

Wörter, Sätze (Beleidigungen, Überzeugungen, Regeln, Weisungen etc.) erscheinen als schlechte Intention, weil sie gefüttert, aus Prozessen und Dynamiken dieser „freien Radikale", an uns weitergegeben werden. Das erzeugt automatisch Abwehrreaktionen. Deshalb fühlen wir uns auch auf persönlicher Ebene verletzt und angegriffen. Es spiegelt die Verletztheit und Angegriffenheit im inneren System wider. Wenn dir Leute sagen, „nimm es nicht persönlich", dann Shit drauf. Du hast alles Recht der Welt, es persönlich zu nehmen. So kannst du dich nach innen wenden. Deswegen plädiere ich für die Wichtigkeit, dass wir anfangen, uns die Erlaubnis zu geben, dahin zu schauen. Die Erlaubnis geben, den Fokus zu verändern und bewusst zu werden. Jede einzelne Person entscheidet, ob und was sie annimmt oder abgibt. Durch ihre Entscheidungen, Wortwahl, Handlungen, Taten, welcher meist Gedanken vorausgegangen sind. Sehr oft nur teilbewusst. Entweder entscheidet sie, unbewusst zu bleiben, mit dieser Dynamik mitzuschwingen, sich mitreissen und vereinnahmen zu lassen. Also mit dem Strom zu schwimmen. So nach dem Motto: passt schon. Oder sie entscheidet sich, starkzumachen und gegen die Strömung anzugehen. Nur wenn wir uns diese Prozesse bewusst machen, können wir auch bewusst aus diesen wieder aussteigen, Kraft unseres Willens und uns dem entgegenstellen.

Wir setzen den Widerstand nur falsch ein. Wenn wir jedoch den Fokus anders setzen, ist Widerstand ein wundervolles Werkzeug. Es sind also jene Energien („freien Radikale"), die in unserem Körper gelangen. Wir nehmen diese über diverse Nahrung auf und so können sie die Energie spalten und teilen, sodass sie uns in unserem eigenen Inneren angreifen und attackieren. (Ein Ungleichgewicht und eine Verwirrung von Geben und Nehmen entstehen lassen können.) Angenommen, eine Person beobachtet eine andere Person, die eine Schwäche oder Unsicherheit zeigt, dann kann es zum Missbrauch führen, basierend auf zuvor dargestellten Grundlagen. Wenn ich Stress beobachte (in mir), die Unsicherheit (in mir), das können oft ganz kleine Gesten sein, dann produziert diese Unsicherheit Stresshormone in meinem Körper, die sich separieren und Angst erzeugen. Chemisch nehmen wir das wahr. Unser Verhalten zeigt das deutlich auf. Im Gehirn finden dann chemische Freisetzungen statt, die sehen und beobachten können, wo Angst erzeugt wurde, in uns. Das kreiert eine Bindung (Berührung) zum eigenen Innern. Und wenn das von uns auf einer gewissen Ebene wahrgenommen wird (die ureigene, stattfindende Separierung/Trennung der Energien, die das mit sich führt), dann produziert dies mehr von diesen Energien und Zellen in unserem Körper, sodass sie beginnen, unsere DNA zu programmieren. Ein Narzisst zum Beispiel hat eine Menge separierter, getrennter Angsthormone, die sich äußern durch Angst vor Ablehnung, Angst vor Abkehr, Verlassenheit, Verzicht ... Programmiert durch „freie Radikale" in sich und durch die Einnahme und das Annehmen von anderen, ihm vorgegebenen Situationen mit Menschen/eines Umfeldes. Das ist eine Art Matrix – vom Verhalten des Menschen aus betrachtet –, in der wir uns befinden. Dynamiken von Scham, Schuld und Angst. Angst vor Ablehnung, Allein- und in Stich gelassen sein (Verlassenheit) basieren auf dem Fundament dieser Energien, die in unserem Körper aktiv sind. Sie erzeugen eine chemische Reaktion in uns, die wir holographisch nach außen senden, abgeben. Dynamiken von Rollen, wie Opfer, Täter, Retter sind ebenfalls eine Holographik solcher stattfindenden feinstofflichen Prozesse in uns. Wo Zellen gesplittet wurden, durch z. B. „freie Radikale". Je nachdem, in welchem Umfeld (Gesellschaft, Gruppe von Menschen) wir uns bewegen und befinden, erfahren wir diese Programmierungen, unsere Identifizierungen, Rollen und Konditionierungen, die unser Leben, unser Sein als Mensch bestimmen, sie vorgeben. Und so können wir beobachten, oft auch unbewusst wahrnehmen, wenn eine Person (Bezugsperson, Erwachsener, Mutter, Vater usw.) aktuell Täter/in (tätigend) ist, gleichzeitig Retter/in (rettende) ist. Es ist die Person, die Nahrung bringt, hilft und uns versorgt. Um von einem auf den nächsten Moment als Mörder/in, Monster oder Unmensch (vernichtend, zerstörend, niederreißend) zu agieren. Das kreiert eine Menge Konflikte in unserem Dasein. In unserer Körperschaft und unseren Energie-Systemen. Und so fangen wir an, uns selber als Opfer zu sehen. Wir haben dafür Wörter und Konzepte von Beschreibungen kreiert, um solche Energien und stattfindenden chemischen Prozesse von Dynamiken wiedergeben zu können. Damit unser Verstand es begreifen und erfassen kann. Dabei ist uns das Ausmaß gar nicht richtig und wirklich bewusst. Die chemischen Freisetzungsprozesse, die wir durch diese Rollen und Programmierungen erfahren. Sie stehen auf der Grundlage und in Zusammenhang mit unserer existierenden Umgebung, Lebenswelt, Umwelt. Deswegen ist es wichtig, dass wir das Verhalten von Personen immer und ausschließlich im Kontext eines umgebenden Umfeldes betrachten und berücksichtigen. Deswegen ist es wichtig, dass wir bewusst und achtsam sind, was in uns (im eigenen Innern) stattfindet und abläuft. Was hat mich programmiert, wie bin ich programmiert? Was bestimmt mein Sein, mein Verhalten, mein Denken, meine Emotionen? Denn schlussendlich bin ich nur eine Wiederspiegelung von allem (all dem). Wie ich selber zu mir schaue, wie ich mich verhalte, mich ernähre, mich bewerte, mich respektiere, mich achte. Sowie, was ich in meiner unmittelbaren Umgebung (Gesellschaft, Menschen) als jeweilige Realität erfahre. Du kannst in ihr sehen, wie dieses Spiel dort ab- und ausgespielt wird. Wir sind, was wir uns nehmen, annehmen, zu uns nehmen. Wir sind das, was wir an Nahrung (Energie) holen oder bekommen. Sei es geistiger, seelischer, psychischer, körperlicher (physischer), emotionaler Natur. Nahrung in Form von materiellen Ressourcen und weltlichen Dingen (Menschen, Emotionen, Musik, Lebensmittel, Informationen, Gedanken, Medien, Sex etc.). Was nehme ich an oder hole ich mir, füge ich mir zu? Und wo habe ich meinen Blick drauf? Das bestimmt die Nahrungsaufnahme. In jeder Realität einer Person zeigt sich dies anders und unterschiedlich. Wenn wir dies klar haben, dann fangen wir an, verantwortungsbewusste Entscheidungen zu treffen, welchen Pfad wir im Leben einschlagen. Eine bewusste Entscheidung darüber: a) sich solchen Dynamiken hinzugeben, auszusetzen, sie mitzuspielen (weil es je nachdem, auf welcher Seite des Tisches man sitzt, Spass macht), oder b) sich umzuprogrammieren. Es wird deutlich, dass wir eine Wahl haben, unsere eigene Lebensweise zu kreieren und zu führen. Eine Lebensweise, die heilsam und gesund beziehungsweise bewusst ist. Respektvoll, wertschätzend, anerkennend, hilfreich und alles, was das Herz begehrt. Einmal erkannt, kannst du nicht mehr zurück. Denn die Neuprogrammierung hat längst gestartet. Deine Abwehrkräfte wurden bereits aktiviert. Deine Energie fängt an, sich neu aufzustellen, sich neu zu organisieren. Das benötigt Raum und Zeit, sowie deine Erlaubnis und deine Verbindlichkeit dafür. Es braucht Geduld und Ausdauer, um die Dinge/Themen/Zusammenhänge bewusst zu bekommen, sie zu verarbeiten, durch den Prozess der Emotionen und damit verbundenen Gedanken durchzugehen. Was uns als Mensch jedoch meistens davon abhält, sind Gedanken, wie: Das geht nicht, ich kann das nicht, ich habe keine Zeit, es bringt eh alles nichts, ich weiss es doch schon alles – es hat nichts gebracht, habe ich versucht, hat jedoch nicht geklappt und so fort. Solche Gedankengefängnisse sind die wahren Plagegeister, die uns das Leben schwer machen. Sie füttern unsere Lethargie und Gewohnheiten. Selbst wenn die Entscheidung bewusst für die Veränderung gefallen ist, tauchen die nächsten Hürden auf. In Form von Widerständen, Störungen, Einflüssen, Menschen, Staus, Unterbrechungen, Reparaturarbeiten, Lärm, Staub, unmöglichen Situationen, die uns in Versuchung führen, davon Abstand zu nehmen. Sie lenken uns ab. Begleitet von den jeweiligen Glaubenssätzen, Konditionierungen, Identifikationen …, die dann automatisch aufpoppen. Gespiegelt durch:

- In alte Muster und Gewohnheiten verfallen (z. B. zur Flasche, zum Joint oder zur Zigarette greifen)
- in falscher Sicherheit wähnen (Gedanken wie: ich weiß das besser, habe das ja alles schon durchgearbeitet, ich habe alles im Griff)
- abgelenkt sein. (Aus dem Alltag übersetzt: Deine Kinder kommen beide aus ihren Zimmern, aus verschiedenen Plätzen und jeder möchte etwas anderes von dir, verlangt deine gesamte Aufmerksamkeit. Natürlich gleichzeitig, sofort und am liebsten gestern. Geräusche & Störungen deiner Umgebung. Sei es durch Nachbarn, die gerade lauthals streiten und die Fetzen fliegen lassen, mit der Bohrmaschine bohren; umgebende Geschäfte (Bäcker, Garage, Supermarkt usw.), die früh morgens ihren Betrieb starten oder ihre Waren verladen; Straßen, Geh- und Fahrradwege, die direkt an deinem Haus entlangführen und viel Verkehr mit sich führen, Staus mit hupenden Autos; Laut und frei spielende, schreiende Kinder, draußen vor dem Haus oder auf dem Spielplatz, die miteinander toben, streiten und spielen. Seien es motorbetriebene Rasenmäher, Laubbläser, gasgebende Motorräder und Autos, vorbeifahrende Lastwagen, die die Mülltonne einsammeln; Telefonanrufe von Eltern, Verwandte, Bekannte, Kollegen, Vorgesetzte, Freunde; Abarbeiten der To-do-Listen (Einkäufe, Bank, Post, Arztbesuche, Werkstatt, Theater, Konzertbesuche, Ferien, Reisen und so fort.) Handwerker, Staubsauger, Küchengeräte oder Partys, Feiern, Abenteuererlebnisse und vieles mehr.

Jeder kann etwas daraus nachvollziehen, sich wiederfinden. Wir sind ständig und stetig beschäftigt und mit irgendetwas abgelenkt. Es füllt unseren Alltag aus. Es ist schwierig, sich regelmässig zurück- und rauszunehmen. Sich wirklich die Zeit, die Ruhe und den Raum alleine zu geben, um diese Prozesse durchzulaufen, sich zu besinnen. Die ihre eigene Zeit beanspruchen und nicht planbar ist. Am liebsten möchten wir gerne schnell, schnell auf den Gipfel eines Berges, um die Aussicht zu genießen. Doch den Weg und die Anstrengungen dorthin wollen wir umgehen. Wir möchten die einfachste, leichteste und bequemste Art. Ohne Kostenaufwand und so wenig Investition, wie möglich. Doch so lernen und wachsen wir nicht. So erfahren wir nicht, was wirklich alles, an Kraft und Stärke, in uns steckt. Damit Samen gedeihen, Wurzeln schlagen und Früchte tragen können benötigt es Zeit, Pflege, Ressourcen. Es erfordert Bereitschaft zur Geduld, die wir meistens nicht haben. Und so ist das mit unseren konditionierten Verhaltensweisen, Programmierungen, Identifikationen, Glaubenssätzen auch. Es benötigt Investition von Zeit, Ruhe, Selbstdisziplin, Hilfe, Offenheit, Ehrlichkeit, Raum für Stille und mehr. Wir haben also wichtige Ressourcen zu investieren, die wir nicht mit Geld allein kaufen können. Das Ergebnis könnte sein, dass wir Bewusstsein entwickeln lernen. Über die, im Innern, stattfindenden Prozesse und Vorgänge. Jede Bewusstheit über den gegenwärtigen Stand verhilft uns aktiv, Entscheidungen zu treffen, wie und welche Nahrung (Energien) wir zu uns nehmen möchten. Sei es emotional, psychisch, physisch, mental oder anderer Natur. So können wir bessere Menschen werden, die uns mehr sein lassen als diese blockierenden, negativen einschränkenden Energien, Konstrukte und Verhaltensweisen, mit denen wir unbewusst identifiziert sind und unseren Nerv kosten. Bewusstheit hilft. Bewusstsein ist gelebtes Wissen sein. Jede Handlung, jedes Wort ist ein Ausdruck dessen.

Gedanken, Gefühle und damit einhergehende Vorgänge verstehen und begreifen können ist nicht gleichbedeutend mit: wir leben es. Denn diese Energien wollen als gleichwertig anerkannt werden, um sie in unsere Persönlichkeit integrieren zu können. Sie umzuwandeln, zu transformieren, so dass wir sie balanciert leben, ist eine andere Geschichte. Wir Menschen tricksen uns da gerne aus. Unser Denken spielt uns oft einen Streich und zeigt sich als grösster Selbstsaboteur. Ich bin da keine Ausnahme und habe diese Anteile in mir bestens kennengelernt.

Wenn wir einzeln und kollektiv anfangen, achtsamer und wertschätzender (anerkennender) zu sein und bewusst unser Denken, Handeln, unsere Emotionen nutzen, sie einsetzen, steuern, beziehungsweise die Verantwortung dafür übernehmen, dann kommen wir mehr und mehr in unser Mensch-Sein, in unser Mit-, und Wohlgefühl, in unsere gegenseitige Wertschätzung und unseren Respekt füreinander. Das, wonach wir im Innern und Außen so verzweifelt suchen. Zu finden hoffen. Es bedingt, dass wir zulassen Emotionen zu haben, ihnen Wert zusprechen, sie ausdrücken, statt sie zu verdrängen oder runterzupressen. Wir müssen raus aus den negativen, unbewussten, (selbst-) zerstörerischen Verhaltens- und Seins-Weisen. Rein in glückliche, gedeihende, wohlwollende, heilende, gesunde Formen des menschlichen Miteinanders, des Lebens. Es fängt bei der Anerkennung aller Seiten und Ausdrucksformen der jeweiligen Existenz an. Es ist eine Frage der Bewusstheit und Entscheidung eines jeden Einzelnen. Wo hältst du deinen Fokus hin?

Gesellschaftlich betrachtet

Alle Realitäten, wie wir sie gesellschaftlich im großen Stil erleben, sind Reflektionen und Spiegelbilder dieser, unserer Existenz. Die massiven, kollektiven Ereignisse zeigen das Ausmaß an Zerstörung, Gewalt, Missbrauch und Fehllenkung solcher Energien. Jener geteilten Energien (z. B. „freie Radikale") im Innern eines jeden Individuums. Jene zerrütteten, ruinierten Energien, dessen Absperrungen, Schranken (Barrieren) einst durchkreuzt und überschritten wurden. Das Beispiel der kollektiven Quarantäne (durch Corona), wo wir gezwungen und genötigt wurden, uns sozial zu distanzieren, um wieder mehr bei uns zu schauen, hat auch eine Umschaltung, zumindest eine Zeit des Wandels von Werten und Bewusstsein hervorgerufen. Mehr auf sich selbst und das eigene Wohlbefinden zu schauen. Was macht mich wirklich glücklich? Was brauche ich wirklich, um zufrieden Leben zu können? Fragen, die in den Vordergrund gerückt sind. Die aus der Quarantäne resultierenden Abstandsregelungen (außen), die eingeführt wurden, sind eine Reflektion von zuvor durchbrochenen, überschrittenen, internen Grenzen. Wie durch „freie Radikale" in unserem Inneren.

Es werden auch andere Dimensionen deutlich. Jeder Mensch besetzt mindestens eine Position, eine Rolle, eine Funktion. So gibt es viele Menschen, die sich in höheren, übergeordneten Positionen befinden. (Gleich wo.) Sie agieren z. B. in Leitungsfunktionen, führen, entscheiden, bestimmen, geben die Richtung vor. Weisungen, Massnahmen, Gesetze, Reglemente werden als Instrumente eingeführt, um Kontrolle halten zu können. Dem gegenüber stehen jene Personen, die diese Leute in eine jeweilige Position unterstützt haben. So oder so. Jetzt treffen diese Führungspersonen Entscheidungen für alle. Das ist schwierig. Denn a) wollen das gar nicht alle und b) nicht jeder war oder ist mit der Person über ihm einverstanden und hat sie dahin gewählt oder delegiert. C) Wer trägt am Ende tatsächlich die Verantwortung für solche Entscheidungen, Regelungen und die damit einhergehenden, weiterführenden Konsequenzen? Und auf welcher Grundlage basieren diese Entscheidungen? Dennoch haben alle diesen vorgegebenen Regeln und Befugnissen Folge zu leisten, die damit verbundene Verantwortung zu übernehmen und daraus resultierende Konsequenzen zu tragen. Wie kann ich persönlich die Verantwortung für eine getroffene Entscheidung übernehmen, die ich nicht gefällt habe? Die mir nicht entspricht und auch nicht dient? Dessen Konsequenz mich jedoch unmittelbar, individuell und zutiefst persönlich, auf allen Ebenen meines Seins trifft? Konsequenzen, die jene Personen in den Entscheidungsfunktionen und Positionen nicht sehen und tragen. Können sie gar nicht, weil sie ganz woanders stehen und mit einem anderen Fokus, aus einer anderen Position heraus schauen. Das tatsächliche Ausmaß, z. B. auf seelischer, psychischer, emotionaler, physischer, individueller, kollektiver Ebene, welches für jede beteiligte Person individuelle und andere Auswirkungen mit sich bringt, kann weder gesehen, noch erfasst oder kontrolliert werden. Oberflächlich viel und leicht. Jedoch nur da. Schauen wir genauer hin oder tiefer, offenbaren sich diese Folgewirkungen und Ausmasse, für die sich niemand mehr verantwortlich fühlt. Wie auch. Konflikte vorprogrammiert. Es sind u. a. jene Vorgaben, Entscheidungen, etablierten Normen, Gesetze, Reglemente die den Maßstab setzen, was läuft und in welche Richtung. Verkauft als:

„Zum Wohle für die Menschheit". Doch die tatsächlichen Durchführungen von Maßnahmen oder Regeln beispielsweise, haben massive, weiter- und tieferführende Konsequenzen, die alle Seiten nicht im Blick haben. Sie treffen jeden Einzelnen auf allen erdenklichen Stufen und Ebenen des Seins, was besondere Dynamiken, Entwicklungen und Problematiken fördert. Ein Rattenschwanz. Drastisch oder sinnbildlich anders formuliert: Dir vorgesetzte, überlegene Autoritätspersonen (z. B. eine Regierung) sagen: „Achtung, Achtung! Bitte geht alle auf das Dach! Es besteht Lebensgefahr! Wenn ihr es nicht tut, hat dies Konsequenzen und ihr werdet bestraft! Deswegen, begebt euch auf das Dach und wenn nötig springt!" (Mit anderen Worten: Stirb oder du wirst getötet. Friss oder stirb.) Wer ist tatsächlich für was verantwortlich? Wer trägt am Ende tatsächlich die Konsequenzen? Wer übernimmt und trägt die Verantwortung und wenn ja, für was? Wie können wir an die Eigenverantwortlichkeit eines jeden Einzelnen appellieren, bei gleichzeitiger Wegnahme oder Abgabe dieser? Aufgrund allgemein bestimmender Entscheidungen, Massnahmen, Vorgaben Anderer, denen wir die Verantwortung zugesprochen haben? Diese wiederum nehmen es an, übernehmen die Führung. Das ist der Job. Sie geben die Richtlinie vor. Da liegt die Verstrickung. So wird deutlich, was sich überall in der Öffentlichkeit gezeigt hat. Es bringt und streut viel Zwiespalt (Zwietracht), Trennung, Hass, Kämpfe, Konflikte, Gewalt, Ausschluss, Misstrauen und mehr. Es spaltet die Gesellschaft. Leider auf allen Seiten. Es fördert Gegeneinander, statt Miteinander. Du kannst es auf jede Ebene runterbrechen und Bezug suchen, zu deinen Situationen, wo du drinsteckst. Ich möchte nur die

Dimensionen (Schattenseiten) anstoßen, anhand solcher Bilder, mit was wir zu tun haben. Es betrifft uns alle. Wenn du mich insgeheim oder wie auch immer dafür angreifen oder verurteilen möchtest, dann frage dich: Warum fühlst du dich durch solche ausgedrückten Möglichkeiten von Perspektiven angegriffen? Was fühlt sich in dir angegriffen, dass du mich dafür attackieren möchtest? Ihr seht. Wir kommen ganz schnell mit Glaubenssätzen, Identifikationen, Konditionierungen und mehr in Berührung. Und bei einer Verurteilung frage dich: Was verurteilst du bei dir selber? Was in dir gibt dir nicht die Erlaubnis, diese andere, von mir dargestellte, mögliche Komponente so stehen und gleich – neben deiner – gelten zu lassen? Es ist alles ein Ausdruck von Möglichkeiten und Sichtweisen.

Nimm es als Inspiration. Oder lass es da sein, wo es ist, was es ist. Eine Einladung, hinzuschauen. Eine andere Seite der Betrachtung. Was jede einzelne Person daraus macht liegt immer in der Verantwortung dieser.

Seelische Perspektive (Spirituell)

Es gibt spirituelle, seelische oder höhere Sichtweisen (Symbole, Zeichen, Phänomene, Entstehungen von Religionen, Kulturen, Traditionen und Glaubensrichtungen), wie du es auch immer benennen möchtest, die uns diese Themen näherbringen. Auch dies als Ausdrucksform von Möglichkeiten. Nicht jeder ist dafür offen. Für andere ist es ein Eingang oder Aufenthaltsraum. Alles, was sich dir zeigt, die Natur, die Menschen, Situationen, das Leben sind Zeichen, Symbole, Phänomene, die bereits alle Informationen in sich tragen. Du darfst sie enträtseln. Wie bei einem Quiz, einem Kreuzworträtsel. Das Leben soll ja spannend und aufregend sein. Spass machen. Und so sei es. Wir Menschen haben ein Stück weit verlernt, diese richtig zu deuten. Und wenn wir sie richtig deuten, werden sie oft auch für bestimmte Zwecke benutzt. Da kommt die Manipulation ins Spiel. Vor allem, wenn wir mit dem Fokus: Gewinn, Vorteile und Profit schauen, denen meist ein Mangeldenken zu Grunde liegt. Oft werden jedoch auch ursprüngliche, tieferführende Bedeutungen mit anderen Werten überlagert, versehen, verdreht und vergessen. Solche Blickwinkel übersehen, übergehen das, was direkt, natürlich, einfach und unscheinbar vor uns liegt und gegeben ist. Weil wir dem keinen Wert zusprechen. Denn unsere Gedanken sind 10 Kilometer voraus, unser Fokus oder was und wem wir einen Wert zusprechen liegt woanders. Ähnlich, wenn wir dem Kokon eines sich in der Entwicklung befindenden Schmetterlings keine Beachtung schenken. Ihn übersehen. Als Reflektion unserer menschlichen Natur.

Sinnbilder & Beispiele, wie Energien wirken

Jede Beleidigung (mit entsprechend gesetzter Intention), jeder Zweifel der aus dieser negativen Energie gefüttert und geäussert wird, wirkt im Energiefeld wie kleine Nadelpikse oder eingefangene Splitter in unserem Körper. Sie schaffen Verunsicherung. Einige Nadeln (Pikse) setzen in unserem System Energie frei. Andere wirken wie Splitter, die im Körper feststecken bleiben können. Sind sie tief genug, so dass wir sie nicht rausholen können, entwickeln sie eine Entzündung, die einen Eiterherd bilden kann. Auf natürliche Weise kann dieser den Splitter aus dem Körper heraustransportieren (Selbstregulierung). Doch wir haben uns darum zu kümmern, sonst bleibt er im Körper oder in unserem Energiesystem, was wiederum Abwehrkräfte mobilisiert.

Verbale Attacken oder Handlungen, die ein starkes, durchdringendes Gefühl erzeugen, sind wie Pfeile, die unser System auf emotionaler, psychischer, seelischer Ebene treffen. Je nachdem, wo sie landen, kann dies sehr schmerzhaft sein.

Sexuelle Aggressionen kommen Schusswaffen und daraus resultierenden möglichen Verletzungen in unserem Energiesystem gleich.

Panzer dienen als Sinnbild, sowohl für einen Angriff, als für die Verteidigung. (Beides erzeugt durch ein Gefühl des Sich-bedroht-Fühlens).

Falsch gebrauchte, gezielte Macht und Irrationalität können symbolisch und energetisch in Form einer Atombombe gezeichnet werden. (Sie führen auf dramatische Art und Weise zu Beendigungen.) Rufmord, Verleumdung, vernichtende Lügen, falsche Behauptungen, massive Angriffe auf persönlicher Ebene, die gezielt der Vernichtung einer anderen Person dienen, um sie zu schädigen, sind Verhaltensweisen des Menschen, die dem gleichbedeutend sind.

Jede gemeine Aktion, mit der Absicht, zu schaden, zu schädigen, zu attackieren, ist ein kleiner großer Krieg im System. Es spiegelt, welche Energien aktiviert und am Start sind. Auf der spirituellen (Traum) Ebene stellen sich dann kleine Armeen zusammen (freie Radikale), Panzer werden aufgefahren, um zu kämpfen. Jede Seite kämpft um einen Sieg.

Thema: **FRUSTRATION**

Gehst du gerade durch Frustration? Das ist super. Das ist richtig gut. Aus spiritueller Sicht und universellem Bewusstsein heraus werden dir die Ellenbogen und Fäuste gezeigt und umgekehrt. So nach dem Motto: „Okay, Komm schon, mach doch. Komm endlich raus aus der Stagnation, den alten, runtergepressten Energien." Ein Seitenhieb aus kosmischer Sicht, der auch ein Vorschlag ist, aus dieser Energie rauszugehen, ihr Ausdruck zu verleihen. Sie kann also Kräfte aktivieren. Wichtig ist, dass wir aus dem Denken (Gedankenkreisläufen)und dem Verstand herauskommen. Wir verlieren uns nämlich als Mensch gerne darin und drehen unsere Runden, die kein Ende haben. Meditation ist eine Möglichkeit. Eine andere ist, nach dem Sinn zu forschen. Sich also auf den Platz des Lernens zu begeben. Was ist der Nutzen dieser Situation für dich? Was kann ich Neues daraus lernen? Das sind Beispiele, die dich auf einen neuen Platz oder in eine andere Position bringen, von der es sich gut weiterkommen lässt. Oder, was würde ich einer mir nahen Person raten, wenn sie in der Frustration feststeckt? Was ist der Rat an dich, demzufolge? Eine Runde drin schwimmen ist okay. Doch dann raus aus dem Hamsterrad, ist ein wichtiger Schritt.

Die Macht der Worte und Sprache

die als Ausdruck unserer Kraft und Stärke dienen kann. Manchmal benutzen wir Wörter, Sätze oder Sprache, die nicht wirklich zu uns gehören, die nicht kohärent sind mit unserem Innern. Wir übernehmen sie, weil sie en vogue, populär, mittreißend, effektvoll, gehaltvoll, präsentierend, machtvoll sind, sich einfach schön anhören, Eindruck schinden. Wir benutzen sie auch, um zu manipulieren, auszudrücken, anzugeben oder vorzutäuschen. Worte sind formulierter Ausdruck von Energie. Jedes Wort war und ist eine vollzogene Umgrenzung/Begrenzung einer Energie, mit eigenem Bewusstsein, welches wir füllen, ergänzen, nutzen, ausdehnen, ausschmücken oder auch missbrauchen können. Wie Spielbälle/Jonglierbälle, mit denen wir kleine Kunststücke einstudieren, ausprobieren und vollziehen. Eine Spielerei. Je nachdem, wie ich diese Kunst beherrsche, kann sie faszinierend, aufregend, fesselnd, magisch und kraftvoll sein. Die Aufmerksamkeit in ihren Bann ziehen. Manche haben Techniken entwickelt, um die kompliziertesten Kunststücke vorzuzeigen (ein mentaler Akt). Andere schwingen mit dieser Energie, sind verbunden mit ihr, sodass sie ihren Zauber entfaltet (emotionaler Akt). Es wirkt dann wie ein Tanz von Energien, die harmonisch ausgeglichen und aufeinander abgestimmt wurden. (Köper, Geist und Seele im Einklang) Lasst uns einen Jonglierball näher betrachten. Wenn wir z. B. das Wort „Multitasking" benutzen, dann hat jeder sofort ein Bild vor Augen. Unterschiedliche Vorstellungen und Assoziationen dazu, die keinerlei Erklärungen benötigen. Wenn ich denke, dass es am besten ausdrückt, was meiner Beschreibung und meinem Bild von mir entspricht, dann nutze ich dies und lasse es einfließen. Mein Denken ist identifiziert mit den Assoziationen, Vorstellungen, die ich glaube, mit dem Wort zu vermitteln. Wir benutzen sie also, um uns zu verkaufen, zu präsentieren. Bei Bewerbungen und Vorstellungsgesprächen ist das so, beim Flirten, sowie bei allen Gelegenheiten, wo wir in Kontakt und Beziehung mit anderen Menschen gehen ebenfalls. Je unbewusster, oberflächlicher wir diese Wörter nutzen oder je weniger wir mit dessen ursprünglichen, tiefen Bedeutungen in Verbindung stehen, desto hohler wirken sie. Desto mehr landen diese genutzten Wörter, Sätze in Phrasen. In einen Hafen, ohne wirklich einen Anker zu setzen. Sie landen irgendwo im Reich der Langeweile und des Abdriftens. Sie erreichen nichts und berühren tun sie noch weniger als nichts. Manchmal können sie einen erschlagen, kraftvoll, mit Hilfe des Tones und faktischer Seriosität präsentiert. Doch welchen Wert hat ein gesprochenes Wort, wenn es sich nicht in den Handlungen und Verhaltensweisen zeigt? Worte sind für sich eigene, geschlossene Systeme, die ich füllen kann, mit denen ich mich verbinden kann, sodass sie an Tiefe, Potential, Kraft, Harmonie und Schönheit gewinnen. Gepaart mit dem Ton unserer Stimme, den wir entwickeln und als Sahnehäubchen noch ein Schuss Intention (für den Nutzen), bilden sie einen Aspekt unserer Körpersprache. Ein für sich eigenes System und Konstrukt. Eine Vollkommenheit. Wie Wassertropen. Jeder einzelne ist eine Formatierung, der alle wesentlichen Informationen in sich enthält. Nimmt man mehrere zusammen, haben wir eine Handvoll einzelner Wassertropfen, deren Grenzen so miteinander verschwommen sind, wie das Wasser selbst fließt. Wasser transportiert Informationen. Und so Wörter und gesprochene Sätze auch. Wir entscheiden, bewusst oder unbewusst, wie wir sie nutzen und einsetzen. Wo, wie und für was wir sie gebrauchen. Und so, wie Wasser verschmutzt sein kann, durch verschiedene Bedingungen, so können es Wörter, Sätze und Beiträge eben auch. So kann ein Wort sehr kraftvoll sein und wirken. Es vermag etwas in uns auszulösen, zu aktivieren, in Resonanz zu bringen, sodass wir mit ihm mitschwingen können. Wenn wir uns die Erlaubnis dazu geben. Doch letztlich ist und bleibt das Wort eine Begrenzung von etwas viel Größerem, was nicht begrenzt werden kann oder keine Grenzen kennt. Wenn wir uns das Weltall vorstellen, wo die Erde nur ein kleiner Planet von vielen ist, dann taucht ein Hauch von Erinnerung und Ahnung auf, wie klein wir als Menschen in diesem Kreislauf sind, der sich Sein nennt. Wie eine Zelle im menschlichen Körper. Doch in jedem Fall immer ein kleines Universum für sich, welches eine Wiederspiegelung des großen Ganzen zeigt. Mit verschiedenen Dimensionen, Ebenen, Lagen, Schichten. Unser Vorstellungsvermögen, unsere Überzeugungen, Konditionierungen, unsere Glaubenssätze und damit einhergehenden Identifikationen und Bewertungen sind ebenfalls Einschränkungen und Begrenzungen. Sie können schnell zerfallen, sodass sie sich in Nichts auflösen. Und Nichts verteilt sich in ein Alles. Jeder Körper, jedes Organ, jede Zelle, jedes Verhalten, jeder Gedanke, jedes Wort, jede Handlung ist ein Ausdruck seiner unendlichen Möglichkeiten, die jeder unterschiedlich zu nutzen in der Lage ist. Es sind unsere Lernfelder.

Die Sprache der Gefühle

DAS SPIEL SUCHEN UND FINDEN — DAS VERSTECKSPIEL

Die Gefühle lieben das Versteckspiel. Es ist einer ihrer Lieblingsspiele. Suchen und gefunden werden.

Manchmal versteckt sich Schmerz hinter Wut. Wird er entdeckt und anerkannt, braucht es Wut nicht mehr und das Spiel ist zu Ende.

Manchmal verstecken sich kleine und große Angst hinter Wut. Wurden sie gesehen und erkannt, kann das Spiel aufhören.

Manchmal versteckt sich Wut hinter Angst oder Schmerz. Wurde sie erkannt und gefunden, kann das Versteckspiel sich auflösen.

Verstecken macht so viel Spass. Besonders, wenn man nicht gefunden und dadurch Sieger wird. Wichtig ist, dass jede Spielrunde mit allen

Beteiligten gemeinsam aufgelöst und beendet wird, sodass niemand zurückbleibt oder vergessen wird.

Die Freude ist immer da und präsent. Sie hält sich schützend im Hintergrund und alles und jeden zusammen. Wenn Suchen und Finden gespielt werden, ist sie allgegenwärtig. Wenn alle gesehen und erkannt wurden, ist sie da.

Laufen Wut, Angst oder Schmerz Gefahr, ignoriert, übersehen, nicht gefunden, nicht erkannt oder vergessen zu werden, ist sie es, die sich schützend hinter ihre drei Freunde stellt. Sie ist voller Anerkennung und Wertschätzung für ihre drei Freunde da. Sie kennt sie sehr gut und fühlt sich zutiefst und eng mit ihnen verbunden. Sie weiß, dass sie ohne ihre drei Freunde in die Falle der Selbstverständlichkeit menschlichen Seins hineingerät. Ihre Fülle und Vielfalt, ihre Farbenpracht, ihre Liebe und Tiefe, ihre Kreativität, ihre Ausdrucksmöglichkeiten und Formen, ihr ganzes Wesen und Potential hätte keine wahre Bedeutung und Wertigkeit für das Menschsein.

Nur gemeinsam erhalten sie die Wertschätzung und Anerkennung, die ihnen entspricht. Zusammen machen sie das Leben aufregend, interessant, spannend, abenteuerlich, reich und vielfältig. Und weil das Leben viel mehr Spass macht und die Freude vergrößert und intensiviert, spielen die Gefühle gerne das Versteckspiel (Suchen und Finden). Bis sie gesehen und gefunden werden und eine neue Runde beginnt.

Das Lieblingsspiel der meisten Kinder, eingenommen unser eigenes inneres, ist das Versteckspiel. Denn es bringt so viel Freude zum Vorschein. Freude mit Dir! (die Gefühle)

Das Reich der Gefühle und ihre Regulierung

Wir alle werden mit 4 Grundgefühlen geboren. Sie gehören sozusagen zu unserer Grundausstattung. Sie bilden sich in den ersten Lebensjahren heraus. Unsere Kinder beziehungsweise wir alle sind auf Unterstützung angewiesen, um den Umgang mit diesen Gefühlen zu lernen. Sie sind unser innerer Kompass, welcher uns, unser Verhalten, unsere Handlungen navigiert. Wenn wir sie nicht respektieren, ihnen keinen Wert zusprechen, um sich frei auszudrücken, entwickeln wir Minderwertigkeiten der Gefühle. Ich fange an gegen diese in mir anzugehen, sie zu bekämpfen, zu unterdrücken. Ein Mangel an Sensitivität, Mitgefühl, Empathie, Vertrauen ist die Folge. Abgestumpftheit, Gleichgültigkeit, Überheblichkeit, als Schattenseiten der Medaille, sind Ergebnisse davon. Je mehr wir versuchen sie runterzupressen, zu verdrängen, desto hässlicher können sie sich ihren Ausdruck suchen. Momente, wo wir über uns selbst und den Ausdruck davon erschrecken. Es weist auf die Wichtigkeit, Bedeutung, Anerkennung und Annahme ihrer Existenz hin.

Wir fördern die emotionale Entwicklung unserer Kinder, wenn wir uns der eigenen und ihrer Gefühle bewusst sind.

Wir fördern die emotionale Entwicklung, wenn wir differenziert über Gefühle reden können und unseren Kindern helfen, Gefühle zu benennen.

Wir fördern die emotionale Entwicklung, wenn negative Gefühle als Chance genutzt werden, um über den Umgang damit zu reden.

Wir fördern die emotionale Entwicklung, wenn wir Kinder im Umgang mit unangenehmen Gefühlen unterstützen. Indem wir zum Beispiel spielerisch Möglichkeiten und Verhaltensweisen aufzeigen und Strategien vermitteln.

Möglichkeiten sind: Augen schliessen! Tief durchatmen! Ruhig bleiben! Weggehen und etwas anderes tun. Pause machen, sich zurückziehen und später über das sprechen, was passiert ist.

ZU DEN GRUNDEMOTIONEN UND GEFÜHLEN ZÄHLEN:

WUT (Ärger)
ANGST
SCHMERZ (Trauer)
FREUDE

Daraus entstehen weitere, komplexere Emotionen:

STOLZ
NEID
SCHULD
SCHAM
VERLEGENHEIT
EMPATHIE

Wir hemmen die emotionale Entwicklung, wenn wir versuchen, negative Emotionen möglichst schnell auszuräumen (mit etwas anderem ablenken, die Aufmerksamkeit des Kindes weglenken, nachgeben), darüber hinweggehen, bagatellisieren, schönreden, abwerten, verurteilen.

Wir hemmen die emotionale Entwicklung, wenn wir Gefühle ignorieren, verleugnen, sie runterpressen und nicht zum Ausdruck bringen.

Beispiel: Angst

Kinder und auch Erwachsene haben immer wieder Phasen, wo unglaubliche Ängste auftauchen, sich zeigen. Wir sind schnell versucht, dies abzutun, indem wir sagen: du musst doch keine Angst haben, es gibt keinen Grund, stell dich nicht so an, ist doch nicht so schlimm usw.

Wenn wir (Kinder) ablenken, während negative Emotionen erlebt werden und wir nicht bei der Problemlösung helfen, hemmen wir die emotionale Entwicklung.

Es ist also anspruchsvoll! Es braucht unsere Energie, unsere Aufmerksamkeit und Unterstützung!

So ist es wichtig, dass wir über Gefühle reden. Lass dein Kind (oder dich) beschreiben und erklären, wovor es beispielsweise Angst hat oder was passiert ist. Wir müssen darüber reden dürfen. Kinder, später Erwachsene, müssen darüber sprechen können. Manchmal mehrmals. Es dient der Verarbeitung. Auch wenn es vielleicht nerven kann oder im ungünstigsten Moment erscheint.

Es dient der Psyche und Verarbeitung eines jeden Einzelnen. Es hilft zu verstehen. Es gibt viele wunderbare Bücher und Hilfsmittel, wie z. B. die Gefühlsmonster, dazu. Nutze das.

Emotional und vom Verhalten aus betrachtet gilt auch: Alles, was ein Kind vorgelebt und wiederholt gezeigt bekommt, lernt und übernimmt es ein Stück weit. Es spiegelt sich im Verhalten. Wenn wir Gefühle ignorieren, sie abtun, darüber hinweggehen, verdrängen, verleugnen, was lernen unsere Kinder und wir dadurch?

Emotionale Erfüllung, Zufriedenheit, Mitgefühl und Wohlbefinden können wir nur erlangen, wenn wir gelernt haben, unsere Gefühle zu erkennen, zu verstehen, handzuhaben und zu steuern.

Es ist also unsere Aufgabe, unsere Emotionen und Gefühle kennenzulernen, sie anzuerkennen, wertzuschätzen und im richtigen Maß nutzen zu lernen!

Dazu müssen wir Grenzen austesten. Manchmal tun wir dies, indem wir uns daneben verhalten. Es hilft, zu sehen, wo Grenzen überhaupt sind. Das will jeweils für alle herausgefunden werden. Das ist ein Lernprozess.

Wisse: Heilsame Grenzen (stark machen) haben keine Kontrolle und kosten keine Kraft.

Unser Job als Mensch ist es, diese Emotionen für uns im richtigen Maß nutzbar zu machen. Wenn wir dies nicht tun, dann sind Missverständnisse, Dramen, Konflikte, Kommunikationsprobleme, Stress vorprogrammiert. Viele Krankheiten finden einen Ursprung im runterdrücken und nicht ausdrücken von Emotionen. Es gibt übrigens ein emotionales Gedächtnis. Denn Gefühle entwickeln ihre eigene Intelligenz. Wenn wir beispielsweise schlechte oder gute Erfahrungen gemacht haben, dann wird dies gespeichert und nimmt Einfluss auf unser Verhalten.

Du entscheidest bewusst oder unbewusst, wie du diese Energien und Kräfte einsetzen möchtest. Dazu braucht es die Erlaubnis, sie zum Ausdruck zu bringen und Erfahrungen zu sammeln. Bewerte es nicht. Nimm es als das, was es ist. Eine Erfahrung. Am Ende des Tages bleibt es eine Erfahrung. Achte auf das, was gesagt wird, statt auf den Effekt, den es hat.

Das Geschenk der Wut

Sind wir mal ehrlich. Niemand findet es besonders attraktiv, anziehend und liebenswert, wenn Wut auftaucht, sich seinen Ausdruck sucht. Weshalb wir gerne versuchen, es zu unterdrücken oder zu verstecken. Niemand mag sich so leiden, niemand liebt es. Und ein Stück weit ist es in unserer Gesellschaft auch verpönt. Denn oft wird das Bild, welches wir damit assoziieren, verurteilt. Keiner möchte so von der Öffentlichkeit gesehen werden. Dennoch geraten wir Menschen manchmal außer uns, bringen uns oder andere auf die Palme, stoßen an sichtbare und unsichtbare Grenzen.

Doch jedes Mal, wenn wir Menschen wütend sind, ist dies ein Ausdruck der Seele und des Seins, welche sagt und zeigt: Das ist mein Platz und ich nehme ihn ein. Und du bleibst auf deinem Platz. Ich achte deinen Platz und du den meinen. Jeder wird also auf seinen Platz verwiesen. Das ist nicht aggressiv, sondern absolut in Ordnung. Diese Ordnungen werden in der Regel durchgesetzt. Und wenn du dich nicht stark machst oder für dich eintrittst, dann tun es andere oder setzen andere sich durch.

Somit ist das Geschenk der **WUT DIE DURCHSETZUNGS-KRAFT**. Sie hilft uns, Grenzen zu sehen, zu erkennen, zu verstehen und zu setzen. Sie hilft uns, Abstand zu gewinnen. Mit Distanz können wir besser, anders sehen, als wenn wir mitten drinstecken, nicht wahr? Auch, wenn wir nicht gerne wütend sind, es als unangenehm erfahren, ist sie eine wichtige, energiespendende Kraft. Sie zeigt uns unser volles Potential auf. Wozu wir in der Lage sind. Alle Formen von Wut, Gewalt und Zerstörung, die wir im außen, z.B. in den Medien oder unserem Umfeld beobachten, dienen als Spiegelbild dafür. Wut macht dich darauf aufmerksam, wo Grenzen sind. Sichtbare und Unsichtbare, bewusst gesetzte und unbewusste Grenzen. Wut zeigt: Wo deine Grenzen sind und andere ihre Grenzen haben. Wo deine Grenzen überschritten wurden oder wo du vielleicht andere Grenzen überschritten hast. Wo hast du vielleicht gar keine Grenzen für dich gesetzt und wo bist du über deine eigene oder über die anderer gegangen. Oft wissen wir gar nicht, wo unsere Grenzen überhaupt sind, bis jemand kommt und diese überschreitet. Die Energie der Wut ist ein wichtiger Teil von dir, der anerkannt, an die Hand genommen werden möchte, wie ein Freund oder eine Freundin. Es ist wichtig, dass wir uns Klarheit darüber verschaffen, wann wir überhaupt wütend sind oder werden. Was sind die Momente, wo du in das Gefühl der Wut kommst? Wann reagierst du besonders wütend? Das möchte von uns herausgefunden und bewusst gemacht werden. So können wir bewusste Strategien entwickeln, um einen angemessenen Umgang damit zu finden. Das braucht Zeit und gewisse Erfahrungen, welche als Lern- und Übungsfelder dienen. Es gehört zum Lernprozess dazu. Bleibe also freundlich mit dir. Achte auf das, was sich Ausdruck verschafft.

ANGST bezeichnet auch ein ineinanderfließen von Gedanken, Gefühlen, Verhalten und körperlichen Reaktionen, welches sich als Warnsignal in unterschiedlichem Ausmass und allen Organen bemerkbar machen kann. „Angst" stammt vom griechischen Verb „agchein" und dem lateinischen „angere" ab. Übersetzt wird es mit: „würgen", „die Kehle zuschnüren".

Angst kann auch als Sinnbild für ein großes Vorstellungsvermögen verstanden werden. Es erinnert uns, dass da mehr ist, als der Verstand begreifen kann. Was ich verstehe, muss ich nicht fürchten. So macht es Sinn, der Angst nachzuforschen. Meist offenbart sie ein tiefes Bedürfnis, einen tiefen Wunsch nach dem, was als Mangel erfahren wird. Missachte ich dies, kann es ungesunde Entwicklungen und Dynamiken erzeugen. Bewusstsein hilft diese Energien zu transformieren, umzulenken. Die Angst darf als Aufforderung verstanden werden, hinzuschauen. Sich selber besser kennenzulernen und bewusst Strategien zu entwickeln, um damit umzugehen. Statt automatisch und aus Gewohnheit heraus. Niemand anderes kann das für uns tun. Gefühle sind Anteile unseres Seins. Sie sind Werkzeuge, die wir für uns nutzen können und sollen. Es ist gut, wenn wir sie kennen und angemessen handhaben lernen.

SCHMERZ darf als Einladung verstanden werden, in tiefe Berührung mit Aspekten und Anteilen seines Seins zu kommen. Begegnungen mit unserer Stärke und Schwäche, unserem Aushalte- und Durchhaltevermögen, unserer Fürsorge und Freundlichkeit, der Wertschätzung unseres Selbst. Wenn wir diese Prozesse annehmen und uns die Erlaubnis geben, sie auf natürliche und gesunde Weise zu durchlaufen, dann können wir die wahren Werte sowie unsere Kraft und Stärke erfahren. Wie beispielsweise Mitgefühl, Liebe, Freundlichkeit, Respekt, Dankbarkeit und Wertschätzung. Schmerz der geheilt wurde lässt Weisheit entstehen. Betäuben wir und lenken ab, gehen über den Schmerz hinweg, dann verwehren wir uns diesem Kennenlernen unseres wahren Vermögens, unserer inneren Stärke. Wir machen uns abhängig, werden abgestumpft, sind wenig sensibel und verständnisvoll uns und anderen Gegenüber.

Schmerz führt uns an unsere Grenzen. Zum Beispiel, was wir denken und glauben aushalten bzw. ertragen zu können. Also Grenzen unseres Vorstellungsvermögens. Bis wir vielleicht erkennen und feststellen, dass wir sehr wohl in der Lage sind, den Schmerz zu durchlaufen, ihn zu ertragen. Auf einer tieferen, unbewussten Ebene besteht auch eine Verbindung zu möglichen Schuldgefühlen. Schuld sucht gewöhnlich nach Bestrafung. Es lohnt sich näher hinzuschauen, es zu beleuchten. Schmerz lässt dich in Berührung mit dir und deinem Körper kommen. Er lässt dich in der Tiefe spüren und lernen. Dass du da bist, dass du lebst und wo deine Grenzen tatsächlich sind. Geheilter Schmerz ist Weisheit.

Wenn wir nicht über den eigenen Schmerz hinausschauen, können wir andere in ihrem Schmerz nicht erkennen. Folglich dessen können wir uns nicht mit ihnen verbinden, sodass es Trost, Heilung und Frieden erfährt. Schaue also auf das, für was er war und ist und stand und steht. Wo er dich hingeführt hat. Dann kannst du Mitgefühl schenken, das wahre Heilmittel für jede Seele.

Schmerz verhilft uns, Empathie zu entwickeln. Wenn ich selber durch verschiedene Formen von Schmerz gegangen bin, kann ich mich besser in andere hineinversetzen. Ich weiss, wo sie sich gerade befinden oder durchgehen und kann besser darauf eingehen. Ich bin in der Lage, wirklich zu helfen, ohne mich ohnmächtig zu fühlen. Ich kann meinem Gegenüber auch die Zeit und den Raum geben, die es braucht, um allein sein zu wollen. Mitgefühl & Verständnis ist der Balsam des Schmerzes.

FREUDE ist die qualitativ höchste Form des Ausdrucks unseres Seins. Als Ausdruck von Liebe. Sie ist die Quelle unseres Seins, allen Seins. Sie verbindet uns. Macht es dir Freude = Freude zu teilen? Warum ist das so? Weil es uns ein gutes, glückliches Gefühl gibt. Es lässt uns Zufriedenheit und Harmonie spüren, uns lebendig und erfüllt fühlen. Es ist die Freude, die Funken der Hoffnung zündet, welche unser inneres Licht zu Erstrahlen bringt und das Feuer der Leidenschaft schürt. Wenn wir es zulassen, erlauben und uns darum kümmern. Diese in uns pflegen, nähren, stärken und erhalten. Das kann nur die Freude. Was tut die Liebe und Freude in dir bestärken? Tue mehr davon.

LIEBE

Ich wünsche mir, dass du sagen kannst:
Ich liebe mich. Ich liebe dich. Ich liebe das Leben.
Ich achte mich. Ich achte Dich. Ich achte das Leben.
Ich bin freundlich zu mir, freundlich zu dir und im Leben.
Ich freue mich über die kleinen Dinge im Leben, wie an den großen.
Ich schätze die Vielfalt, den Reichtum des Lebens und nehme sie dankbar an.
Ich erkenne, dass ich vollkommen bin. So, wie ich bin.

Die höchste Form der Liebe liegt in der Anerkennung von Allem, wie und was es ist. Zu lieben ist eine Entscheidung, die Dankbarkeit, Frieden und Glück verspricht.

Unsere volle Kraft entwickelt sich nicht, wenn wir unser Herz verschliessen, verstecken, es beschützen. Volle Kraft und Power entstehen, wenn wir unser Herz und unsere Liebe teilen und erstrahlen lassen. Sie zum Ausdruck bringen. Dafür bist du hier.

Bei allen Grundemotionen gilt: Sie können in verschiedene Richtungen gelebt werden. Wenn ein Mensch die Seite einer Emotion zeigt, dann ist die andere Seite ebenfalls vorhanden. Es ist wichtig, dass wir dies bewusst halten. Denn wenn wir verschiedene Seiten im Blick haben urteilen, verurteilen wir weniger schnell. Sie lassen deutlich werden, wo wir gerade stehen.

Also, was ist die Situation, wo sich ein Verhalten zeigt? Was ist die Schwierigkeit? Und was ist das Gegenteil davon? Was brauchst du oder kannst du tun, um in die andere Richtung zu kommen? Das Ziel ist immer, eine ausgleichende Balance zu finden, indem wir diese Kräfte kanalisieren lernen. Gib dir die Erlaubnis, da hinzuschauen und betrachte es als Lern- und Übungsfeld. Es ist okay Fehler zu machen. Sie bringen weiter und oft auch Freude.

Die meisten der Grundemotionen (WUT, SCHMERZ, ANGST) verbinden wir mit negativen und unangenehmen Assoziationen. Machen wir eine schmerzvolle oder angstbesetzte Erfahrung, sagen wir nicht: „Hallo, so schön, dass du da bist. Herzlich willkommen, endlich bist du da." In unserer Realität und unseren Lebenswelten versuchen wir alles, um diese unangenehmen Gesellen/Gefühle zu betäuben, zu verdrängen, zu vermeiden, loszuwerden, auszuschließen, nicht haben zu wollen, was wiederum sehr anziehend ist.

Alle Emotionen sind Anteile unseres Seins. Alle wollen anerkannt und umarmt werden. Stehe zu deinen Stärken und Schwächen. Es ist okay. Das macht deine Stärke aus. Wenn Sie also Hallo zu dir sagen, um dich daran zu erinnern, sich um sie zu kümmern, dann sage Hallo zurück und kümmere dich um sie. Nur weil du vielleicht wegläufst, heisst es nicht, dass sie auch weggehen. Freue dich, sie und dich kennenzulernen. Schliesse Freundschaft.

Weiterführende, komplexere Emotionen

Stolz, Neid, Schuld, Scham, Verlegenheit, Empathie

STOLZ

Ausgeprägte, gesunde Freude über etwas Erreichtes nennen wir Stolz. Es stärkt unser Selbstwertgefühl, etwas aus eigener Kraft geschafft zu haben. Ins Ungleichgewicht geratene Freude kann z. B. in die Überheblichkeit und zu „falschen Stolz" führen. Es verhindert, dass wir mit anderen Menschen in Beziehung treten, uns mit ihnen verbinden können. Unbewusst, bewusst. Dankbarkeit und Demut schaffen Balance. Eine unbewusste Verhärtung und das Festhalten an harschen, bitteren Gedanken, Glaubensvorstellungen, Überzeugungen bilden Grundlagen des Zornes, der Wut und des Grolls. Es findet ebenfalls Ausdruck im Stolz. Gut und gerne steckt tiefer Schmerz dahinter, welcher nicht angeschaut oder verarbeitet wurde.

NEID

Neid ist eine besonders menschliche Emotion, welche überaus kreative Formen anzunehmen vermag. Eine Orientierungshilfe, um bewusst zu machen, was wir zutiefst schätzen und uns wünschen. Eine Erinnerung, uns mehr um die Verwirklichung der eigenen Wünsche zu bemühen. Neid zeigt sich, wenn ich etwas haben will, was eine andere Person hat oder lebt. Ein indirekter Ausdruck von Anerkennung. Dabei wird gerne übersehen, welcher Preis bezahlt wurde. Was eine Person dafür getan, aufgegeben, geopfert oder an Anstrengungen geleistet hat, um etwas zu bekommen. Wenn dies bewusst anerkannt wird und jeder in seine Verantwortlichkeit für sich selbst geht, kann sich Neid in Dankbarkeit für die Erinnerung und Reflektionsmöglichkeit verwandeln. Und somit der Freude, für sich und andere, Platz machen. Multiplizierte Freude schafft WIN WIN Situationen für Alle.

SCHULD & SCHAM

Gefühle von Scham haben mit der entwickelten Annahme zu tun: „Ich bin falsch oder nicht richtig". Der Fokus ist also auf sich selbst bezogen, dass man sich in seinem inneren Wesen nicht akzeptiert und richtig angenommen fühlt. „Etwas ist falsch", wird auf sich als Person bezogen, integriert. Bewusst oder unbewusst. Daraus kann sich die Angst herausbilden nicht liebenswert und anerkannt zu sein. Die Berührung mit der Scham ist eine tiefe Begegnung in uns, mit uns. Und dem Wissen, dass wir als Mensch nicht perfekt sind, sondern menschlich. Und menschlich sein ist besonders liebenswert. Findest du nicht auch? Ich habe noch nie ein Baby das Licht der Welt erblicken sehen, welches seine neuen Klamotten geschnappt hat und loslaufen konnte. Alles hat seinen eigenen Rhythmus, braucht seine eigene Zeit. Das verdient Anerkennung und Wertschätzung.

Wenn wir offen und ehrlich darüber reden und reflektieren, was uns wirklich bewegt, kann Scham nicht überleben. Es bedingt, dass wir uns die Erlaubnis dazu geben. Je mehr wir es von verschiedenen Perspektiven beleuchten, desto mehr Power und Kraft bekommen wir.

Schweigen, Urteilen und Geheimhalten sind die Hüter dieser Gefühle und Gedanken. Werden sie reichlich mit entsprechender emotionaler, seelischer, psychischer Nahrung (Ängste, Zweifel) gefüttert, können sie ins Unendliche wachsen. Sodass sie uns gefangen und Kontrolle halten. Damit geben wir Verantwortlichkeit, für eigene Anteile, ab. Mit anderen Worten unsere Macht und Kraft. So entstehen Ohn-, Macht-, Gefälle.

Gefühle der Schuld entstehen, wenn wir etwas gemacht (gedacht) haben, was nicht in Ordnung war. Wo wir uns falsch verhalten haben, etwas Falsches getan haben. Und ja, manchmal ist das so. Wenn wir dies bewusst haben, in die Verantwortung für unser Verhalten gehen, die Konsequenzen tragen, können wir es zwar nicht rückgängig machen, doch in gewisser Weise für uns ausgleichen, korrigieren. Steh dazu, dann bist du frei. Hier liegt also der Fokus auf das Verhalten, was getan wurde.

Wenn wir eine höhere Perspektive einnehmen und auf den Kontext einer Situation und hinter das schauen, was sich zeigt, dann kommen wir raus aus diesen Schuldzuweisungen. Denn du erkennst, dass es keine Schuld gibt. Sondern lediglich Verantwortlichkeiten, auf verschiedenen Ebenen, die sich verteilen, bedingen, oft nicht übernommen und getragen werden. Und früher oder später offenbaren sich damit einhergehende Konsequenzen. Jede unbewusst, bewusst getroffene Entscheidung z. B. hat Konsequenzen zur Folge. Kurz- und Langfristig. Erfahren wir keine unmittelbaren Konsequenzen für ein gezeigtes Verhalten im Aussen, entwickeln wir als Mensch eine Art Gleichgültigkeit. Es schafft chaotische Situationen und Beziehungen. Es fördert Verstrickungen und Durcheinander. Es verstärkt Entwicklungen und Dynamiken, wo niemand sich für etwas verantwortlich fühlt.

Jeder Mensch steht an einem anderen Punkt in seinem Leben, hat einen anderen Entwicklungs- und Erkenntnisstand. Und nach diesem handeln wir. Wir tun das Beste, aus einer gegebenen Situation, in der Hoffnung, die richtige Entscheidung getroffen zu haben. Da spielen viele Faktoren und Einflussgrößen mit rein, die wir nicht im Blick haben. Beispiel: Umwelt, Einflüsse, Gegebenheiten, andere Personen und deren Entscheidungen und so fort. Wenn wir dafür Verständnis gewinnen und Situationen im Kontext der Umstände betrachten lernen, dann können wir mit den Schuldzuweisungen aufhören. Das bedeutet nicht, dass sich jemand nicht so verhält, wie er sich verhält. Richte deinen Blick lieber auf das, was es mit dir macht, was du machen und daraus lernen kannst? Wofür bist du verantwortlich? Auf jeden Fall für deine Reaktion.

Scham, Schuld und Angst bilden die Basis für alles, wie wir mit Menschen in Verbindung gehen, mit wem und wie wir in Beziehung treten. Sie sind die Grundlage für Dramen, Missverständnisse, Ausschluss und mehr.

Wir alle kennen diese Gefühle, mehr oder weniger. Wir alle wollen nicht darüber reden. Haben Angst dafür beurteilt, nicht verstanden, nicht gehört zu werden. Damit sind Kreisläufe und Wiederholungen von Schwierigkeiten vorprogrammiert. Erlaube dir dort hinzuschauen, es anzuerkennen, dem Ausdruck zu verleihen, damit du es bewusst lenken kannst.

VERLEGENHEIT UND SCHÜCHTERNHEIT

Auch dieses Gefühl hat zwei und mehr Seiten. Es kann als eine Form von Perfektion betrachtet werden. Damit verbunden ist eine unterschwellige Angst, für dumm gehalten und aufgezogen zu werden, wenn man Dinge sagt, die es im Kopf hat. Als Ausdruck dafür, dass man alles perfekt und richtig machen, im Prinzip nichts Falsches tun möchte.

Eine vorsichtige Zurückhaltung kann viele Vorteile haben. Ich lasse andere ihre Runden drehen, ohne dass es mich Energie kostet oder ich involviert bin. Manchmal kann dies Ruhe reinbringen, in sehr dynamische Bewegungen. Es gibt immer verschiedene Betrachtungsmöglichkeiten.

MITGEFÜHL UND EMPATHIE

Die Grundlage aller Menschenkenntnis und das Fundament zwischenmenschlicher Beziehungen ist die Empathie. Das Empathievermögen bestimmt den Umgang mit Beziehungen, wie wir uns mit und zu anderen Menschen verhalten. Je mehr ich mich in die Lage eines Gegenübers versetzen und nachvollziehen kann, ohne mein eigenes ich mit dem des Gegenübers zu vermischen, desto empathischer und hilfreicher bin ich, desto wohler fühlen wir uns miteinander. Warum ist das so. Weil wir keine Beurteilung, Verurteilung oder Bewertung fürchten müssen. Sie sind Gifte für jede Beziehung. Sie stehen seelischen, psychischen, emotionalen Verbindungen und Heilungsprozessen entgegen.

Wenn Verhalten bei mir anstößt, Gefühle auslöst, wird auf etwas aufmerksam gemacht, was angeschaut werden möchte. Und zwar bei mir. Wird es nicht erkannt, zeigt sich das Verhalten des Gegenübers deutlicher. So lange, bis es wirklich gesehen und gehört wird. In dem Moment, wo wir es (an-) erkennen, leiten wir eine unmittelbare Veränderung ein.

Demzufolge gibt es keine schwierigen Menschen. Nur Schwierigkeiten im Umgang mit uns, mit ihnen und mit Verhalten. Mache ich mir die Mühe und schaue genauer hin, entsteht ein Kontext oder eine Möglichkeit, indem alles einen Sinn ergibt. Was vorher schwierig schien kann sich aufheben. Suche also immer nach dem Sinn, dann bleibst du im Fluss.

Dir und deiner Gefühlsmannschaft wünsche ich eine wunderbare, abenteuerliche und freudevolle Reise ins Bewusstsein. Bleibe freundlich mit dir!

Die Niedertracht, der Parasit

Was uns Menschen am meisten verletzen und uns den Boden unter den Füssen wegziehen kann, sind Handlungen einer Person oder Menschgruppe, die aus dem Platz der Niedertracht und Perfidie agieren. Unter dem Aspekt der „freien Radikale" wirft dies ein ganz anderes Licht auf alles. Stimmts? Nämlich, wie perfide diese Energien in und auf uns arbeiten und wirken. Welchen Einfluss sie (in dieser verdichteten Form) nehmen können. Auf uns und unser Verhalten, so auch auf andere. Es betont die Wichtigkeit. Es sind die ungemütlichsten Gesellen, Anteile und Kräfte unseres Seins. Im Bereich dieser beiden Kumpane (Niedertracht & Perfidie) sind sowohl die Art und Weise zu denken als auch zu handeln, bewusst und gezielt hinterhältig, gemein, schädigend, verletzend und auch vernichtend. Da wird nichts ausgelassen, um das Image einer Person (sich selbst) zu schädigen, zu vernichten, Zweifel auf den verschiedensten Ebenen zu streuen, dumpfe Vorurteile zu bedienen, zu manipulieren und vieles mehr. Da kommen unsere dunkelsten Seiten als Mensch zum Vorschein. Meistens unbewusst. Dunkel deswegen, weil wir diese Anteile, Triebe und Mechanismen in uns Menschen nicht bewusst haben, nicht anschauen und beleuchten. Denn wir lehnen sie ab. Keiner will so sein, keiner will so behandelt werden. Und weil wir glauben so nicht zu sein, denken wir tatsächlich, dass wir diese Anteile nicht haben. Was wir nicht anerkennen können, lehnen wir ab und projizieren es somit auf andere. So bleiben diese Energien verdeckt und unbewusst. Agieren aus einem Platz des Hinterhalts (hinter/hinten gehalten). Umso wichtiger uns dessen bewusst zu werden, um sie kontrollieren zu können. Wir verurteilen diese Anteile (bei uns oder anderen). Wir schließen diese Aspekte (andere Seite der Medaille) aus und anerkennen nicht, dass wir alle, ohne Ausnahme, diese Anteile in uns tragen. Und so verletzen wir uns einander, ständig und gegenseitig, ohne es wirklich zu beabsichtigen. Ein Alptraum.

Persönlich (aus meinem Aufarbeitungsprozess)

Die Niedertracht war oft zu Gast bei mir und kam immer wieder zu Besuch. Sie zeigte sich in Form von verschiedenen Menschen, Menschengruppen, Situationen. Ich hatte sie nicht eingeladen oder gebeten zu kommen. Ich wollte ehrlich gesagt nichts mit ihr zu tun haben. Sie tauchte einfach auf, überfiel mich, war da, ohne dass ich es wirklich verstand. Heute kann ich es anders sehen. Sie hatte jeweils ein oder mehrere Geschenke dabei, welche ich nicht haben und annehmen wollte. Nicht auspacken wollte. Es stand in Verbindung mit unguten Gefühlen. Mit schmerzvollen Gefühlen, die ich zu meiden suchte. Doch die Tatsache, dass sie immer wieder vor meiner Tür stand, gleich wo ich auch hinreiste oder war, nötigte mich geradezu, mich damit auseinanderzusetzen und dem zu widmen. Genauer hinzuschauen, zu lernen, zu sehen, zu verstehen. So habe ich erkannt, dass die gleichen Energien auch in mir am Start sind und deswegen schnell aktiviert werden. Ich hatte es nur nicht bewusst. Ich war ablehnend, verurteilend, habe die kalte Schulter gezeigt. Habe „Danke" für das Geschenk gesagt, aber „NEIN Danke". Was sie auch servierten und präsentierten, ich wollte ihren Inhalt nicht annehmen. Es könnte sinnbildlich damit verglichen werden, dass da fremder Besuch kommt und sie offerieren dir ein super grosses Geschenk, welches stinkt. Der Geruch lässt dich zurückschrecken und du willst das Geschenk nicht annehmen. Doch wenn dir die Pistole auf die Brust gesetzt wird und dir das Leben wert ist, bist du gezwungen, das Geschenk anzunehmen und zu öffnen. Und dann präsentiert sich ein riesengroßer Haufen Scheisse. Dein Instinkt, der dich mit einem unguten Gefühl und mit all deinen Sinnen gewarnt hatte, findet hier, genau hier seine Bestätigung. Als ich anfing zu verstehen, anzuerkennen veränderte sich alles.

Die Niedertracht und damit verbundenen Themen wirken energetisch wie ein Haufen Scheiße, eine Kloake, der wir gerne den Rücken kehren. Mit anderen Worten, Abstand suchen und halten. Es stinkt, riecht übel, bestialisch und du willst nicht in Berührung damit kommen. Sie lässt uns beschmutzt, schäbig und wirklich schlecht fühlen. Frei atmen fällt schwer. Sie konfrontiert uns mit Ohnmachtsgefühlen. Weshalb wir am liebsten weglaufen wollen. Energetisch sorgt es dafür, dass wir zwanghaft versuchen alles ab zu schruppen, zu reinigen, abzuwaschen, nur um uns von diesen unangenehmen Gefühlen und Energien zu befreien. Ich hatte teilweise so einen Waschzwang entwickelt. Ich versuchte mich von den üblen, alles durchdringendem Geruch, dem Gefühl, total beschmutzt zu sein, selber Scheiße zu sein, mich scheiße zu fühlen, zu befreien. Selbst, wenn ich es abwusch oder stundenlang badete, brauchte es eine ganze Weile länger, bis ich mich wirklich wieder rein und sauber fühlen konnte. Wer einmal in eine Kloake gefallen ist oder mit Scheiße zu tun hatte, weiß genau, wovon die Rede ist. Und bei allen anderen reicht bereits die Vorstellung davon. Niemand möchte sich das freiwillig antun. Deswegen vermeiden wir es und sind froh, wenn wir nichts damit zu tun haben. Die Lösung liegt in der Bewusstwerdung und Beleuchtung solcher wirkenden Energien und Dynamiken, um aktiv gegensteuern zu können.

Die Niedertracht ist die psychische Scheiße in Form von all den negativen, schmutzigen, gemeinen, übelst hässlichen, bösartigsten Intentionen, Gedanken und Handlungen, die Menschen bewusst und unbewusst fabrizieren. All der psychische Müll. Verpackt als Geschenk und oft getarnt hinter scheinbarer Freundlich-, Herzlichkeit sowie Offenheit. Bedacht auf akkuratem Erscheinungsbild und zuckersüße Schmeicheleien offerierend.

Menschen zum Beispiel, die besonders viel Mühe investieren, nach außen akkurat zu erscheinen, ein gutes Bild abzugeben, unterliegen diesen niederen Kräften besonders gerne. Es weist auf die Überbetonung einer Seite hin, die automatisch den gegenteiligen Aspekt hervorruft. Meistens unbewusst, oft unwissend. Es wird alles unternommen, um auf allen erdenklichen Ebenen, ein perfektes Bild zu untermauern. Kein Mittel ist dafür zu schlecht und oft auf Kosten anderer, ohne dass es auffällt oder Beachtung findet. Schon gar nicht, wenn wir alle ähnlich unbewusst funktionieren. Das sind die Energien (zur Erinnerung an die «freien Radikale»), die am Start sind. Als gut und anerkannt dastehen zu wollen, als besonders hilfreich, liebenswert, klug, intelligent, erfolgreich, gutaussehend, smart, oder super perfekt zu gelten bringt also automatisch auch die entgegenstehende Seite mit ins Spiel. Beide gehören zusammen. Wenn wir uns dessen bewusst sind, können wir mehr in Richtung Balance gehen. Die forcierte Hervorhebung einer Seite ruft gleichzeitig die Unterbewertung dieser hervor. Was sich dann in unseren Realitäten unterschiedlich ausspielt. Wir alle tragen diese Anteile in uns. Ohne Ausnahme. Je nachdem auf welcher Seite wir uns befinden können wir die Möglichkeiten dazu erfahren.

Trigger-Alarm

Bitte berücksichtige:
Wenn wir andere respektlos behandeln, sie herabwürdigen, verletzen, ihnen mit Absicht Schaden zufügen, sie übervorteilen, verletzen, betrügen, abwerten, zu Unrecht beschuldigen, belügen und mehr, tun wir dies in erster Linie und vorrangig uns selbst

an. Auch, wenn wir dies nicht glauben wollen. Es spielt keine Rolle. Es reflektiert, wie respektlos, herabwürdigend, geringschätzend, ablehnend wir diesen Anteilen und Aspekten (wirkenden Energien) in uns begegnen, sie handhaben. Wie wir uns und diese wirkenden Energien und Kräfte in uns behandeln, sie ignorieren. Weil wir es nicht gelernt haben? Weil wir es nicht wissen? Weil wir es verurteilen? Es ist eine seelische Grausamkeit. Es trennt uns von unserer Herzensseite, der mitfühlenden, liebenden, liebenswerten Seite und seinen Aspekten. Hass, Zorn und Wut sind die Gegenspieler. Kein guter Platz, um sich da aufzuhalten. Es führt uns von uns selber weg. Davon, ein besserer Mensch mit Herz und Verstand zu sein. Es ist wie ein Stich ins eigene Herz. (Symbolisch gesprochen.) Wenn wir uns nicht bewusst darum kümmern und heilen, dann entwickeln wir solche ungesunden, unkontrollierten Verhaltensweisen, Dynamiken zu einer undefinierbaren Grösse. Begleitet von Misstrauen und einem unerträglichen Gefühl, welches wir nicht aushalten mögen und deswegen auf andere übertragen. Damit wir uns tief im Innern besser fühlen können. Versteckter, tiefer, nicht aufgearbeiteter Schmerz bildet die Grundlage für solche Entwicklungen und Dynamiken.

Wenn ich attackiert werde, laufe ich Gefahr und werde in Versuchung geführt, Gleiches mit Gleichem zu vergelten. Es dient der Herstellung eines inneren Ausgleichs. Es zeigt, dass die gleichen Energien, nur von verschiedenen Seiten, am Start und aktiv sind. Du kannst dich bewusst entscheiden, dieses Spiel nicht zu spielen. Auszusteigen. Nicht zu reagieren kann dann die einzig richtige Reaktion sein und eine Wertschätzung sich selbst gegenüber darstellen. Doch meistens gehen wir in die Verteidigung, wenn wir attackiert werden. Es aktiviert dieselben unschönen, unbewussten Anteile in uns. Wenn ich mit gleichen Mitteln zurück verletze, um böswillig Schaden zurückzuführen, dann ist das gleichbedeutend. Solange wir diese Anteile in uns selber ablehnen, ignorieren, leugnen, runterspielen, bagatellisieren, weil es schmerzt und sie uns nicht gut dastehen lassen, besteht die hohe Wahrscheinlichkeit, dass wir diese Anteile unbewusst ausleben. Sie unser Handeln bestimmen und Treiber unserer Aktionen/Reaktionen sind. Wir haben die Kraft es bewusst zu lenken und diesen Energien keinen Freifahrtsschein mehr zu geben. Wir haben in die Verantwortung dafür zu gehen. In die Eigenverantwortung. Das geht nur, wenn wir uns dessen gewahr und bewusst werden. Es anerkennen. Wir entscheiden das. Und es macht deutlich, dass wir sehr wohl eine Wahl haben. Pflege ich diese Wut und den damit verbundenen Schmerz, indem ich blindwütig, rücksichtslos (re) – agiere? Oder steige ich aus dieser Spirale aus und nehme mich zurück? Kümmere mich um diese unbewussten Anteile, emotionalen, psychischen, seelischen Wunden und Verletzungen in mir, damit sie heilen können? Was Ausdruck der Wertschätzung, Anerkennung, Selbstfürsorge und Selbstliebe ist. Du entscheidest das.

Meine Kinder haben mal ihre Augen mit den Händen zugehalten und gedacht, sie werden nicht gesehen. Hmmmm :).

Solche wirkenden Dynamiken hinterlassen Spuren in unserem Energiesystem, ähnlich wie körperliche Verletzungen. Schmerz kann ein Trigger sein, um sich damit auseinanderzusetzen, es zu beleuchten, bewusst zu bekommen. Wenn wir dies tun und diese Energien neutralisieren entsteht eine Art Offenheit und Sensibilität im Energiefeld. Diese ist empfänglich für Energien. Je nachdem mit was, wem oder womit ich mich umgebe (Umfeld, Menschen, Nahrung) und die Wunden versorge, kann es heilungsfördernd oder zerstörerisch sein. Umgebe ich mich beispielsweise mit den gleichen Energien (von Negativität, Störungen, giftiger Atmosphäre, Angst, Zweifel), die zuvor für die Wunden und Verletzungen in mir gesorgt haben, kann es passieren, dass ich mich re-traumatisiere und erneut mit diesen Energien programmiere. Ich füttere sie mit Angst, Zweifel, Schmerz, Negativität und so fort. Weshalb es wichtig ist gut zu dir und deinen Bedürfnissen zu schauen. Sie zu achten und freundlich zu dir zu sein.

Erlaube dir da hinzuschauen und es bewusst werden zu lassen. Bleibe freundlich mit dir und ehrlich bei der Frage, was treibt mich jetzt und hier? Das möchte anerkannt werden, um es besser lenken zu können. Es hilft, wenn wir uns immer wieder die

Frage stellen, von welchem Platz der Emotionen kommen meine Impulse? Heilt es wirklich die Verletzungen und Wunden in mir, wenn ich mich so verhalte? Schaue dir auch an, was es an Wut und anderen Gefühlen in dir auslöst oder aktiviert. Verurteile dich nicht dafür, wenn du es erkennst. Wir alle haben diese Anteile. Und je nachdem, wie wir diesen Aspekten in uns Beachtung schenken, können sie sich verändern. Heilungsprozesse haben ihre eigene Zeit, die wir bestimmen. Indem wir uns diesen zuwenden, ihnen Aufmerksamkeit widmen (Praktizierte Selbstliebe). Wir können lernen, üben, trainieren, wann und wie wir reagieren. Dafür ist es nie zu spät. Bevor du handelst, überlege gut, was die Intention deiner Handlungen ist und damit verbundene, mögliche Konsequenzen für dein Wohlbefinden. (Damit ist nicht die kurzfristige Befriedigung der Heimzahlung oder des Austeilens gemeint.) Du darfst deinen Mund aufmachen und für dich einstehen. Du darfst sehr wohl klare Worte finden und Dinge beim Namen nennen. Auch, wenn es anderen nicht gefällt oder sie sich dadurch „verletzt" fühlen. Es ist an ihnen und liegt in ihrer Verantwortung, sich um ihre verletzten Anteile und Wunden zu kümmern. Es liegt nicht in deiner Verantwortung. Wir alle tragen, mehr oder weniger, die gleichen Anteile in uns. Die ungemütlichen, unschönen, negativen, fiesen Gesellen verurteilen wir. Bei uns und auch bei anderen. Statt sie uns bewusst zu machen und lernen, sie bewusst zu lenken und zu steuern (kanalisieren). Du kannst es jederzeit ändern! Es fängt bei dir und deiner Fürsorge und Selbstliebe für dich an. Du hast dich um diese Anteile und Aspekte (wirkenden Energien und Kräfte, Gefühle, Gedanken, Stimmungen, Bedürfnisse, Wünsche) zu kümmern. Die Verantwortung liegt allein bei dir! Wenn wir unsere inneren, emotionalen, seelischen und physischen Bedürfnisse und Gefühle verdrängen, nicht Wert und geringschätzen, ihnen nicht erlauben sich auszudrücken, stellen wir uns gegen uns selbst auf. Unbewusst bekämpfen wir diese inneren Kräfte, Gefühle und Bedürfnisse und gehen gegen sie an. Im Aussen kann sich das durch Verhaltensweisen von Geringschätzung, Missachtung, Respektlosigkeit, Minderwertigkeit widerspiegeln. Was jedoch nur eine

Reflektion der eigenen, inneren Dynamiken und Vorgänge ist. Dessen Grundlagen aus den jeweils vorherrschenden und damit Musterbildenden, theoretischen Orientierungen bestehen und genährt werden. Mit anderen Worten den etablierten Normen, Werten, Konditionierungen einer Gesellschaft, Umgebung oder uns Menschen entspringen, die es nicht anders gelernt und so übernommen haben, um überleben und funktionieren zu können. Konditionierungen, die uns erzählen, was von uns erwartet wird und vorgeben, wie etwas zu sein hat, derweil sie gleichzeitig ihre Power Dynamiken damit nähren, pflegen und aufrechterhalten. Ein Spiegelbild, wie Wertigkeiten gesetzt werden.

Hilfreiche oder wichtige Anmerkungen

BETRUG

Wenn du dich betrogen fühlst oder betrogen wurdest, dann ist dies eine Reflektion, die dir die Möglichkeit eröffnet und dich einlädt, genauer hinzuschauen. Die wichtigen Fragen für dich sind: Wo fühlst du dich betrogen? Wo wurdest du betrogen? (Die Antwort taucht unmittelbar auf, tue sie nicht einfach ab, weil sie dir nicht unbedingt gefällt.) Weiterführende Frage ist: Wo hast du dich selber betrogen? Oder wo betrügst du dich selber oder andere? Bitte sei ehrlich mit dir selbst. Und bleibe freundlich zu dir. Freue dich, wenn du dies endlich erkennen darfst. So kannst du ihn künftig vermeiden, den Betrug.

HINTERHÄLTIGKEIT

Wenn du dich über dir begegnende Hinterhältigkeit ärgerst (das tun wir in der Regel alle), dann nimm dieses Spiegelbild und frage dich: Wo hältst du selber etwas hinten an? Wo hast du etwas hinten/hinter deinem Rücken gehalten und nicht ausgedrückt? Was hast du hinten angehalten, zurückgehalten? Je ehrlicher du mit dir selber bist, umso besser. Und achte darauf, dass du es nicht verurteilst, bewertest, um dich in Schuldgefühle zu bringen. Freue dich, wenn du es erkennst. So kannst du eine bewusste Entscheidung treffen, wie du es in Zukunft handhaben möchtest.

VERRATEN UND VERKAUFT FÜHLEN

Wenn du dich verraten fühlst, frage dich: Wo hast du dich selber verraten? Was fühlt sich verraten? Wo bist du gegen deine eigenen, inneren Werte, Bedürfnisse, Regeln oder Prinzipien und Glaubenssätze angegangen? Warst dir selber nicht treu? Bist über deine eigenen Richtlinien gegangen, um anderen Vorrang zu geben?

SICH ANGEGRIFFEN UND ANGEFEINDET FÜHLEN

Wo greifst du dich selber an? Wofür verurteilst du dich selber? Was verurteilst und greifst du bei dir selber an? Welche Aspekte von dir? (Hier hilft es, wenn du genauer hinschaust.) Wofür wurdest du angegriffen und bist in Verteidigung gegangen? Da liegt eine Antwort drin. Vielleicht auch mehrere.

Wo greifst du andere an? Weshalb? Auch das ist eine Antwort auf deine Themen, in dir.

FALSCHHEIT

Regst du dich gerne darüber auf, wenn dir Falschheit begegnet? Dann frage dich: Wo liegst du möglicherweise falsch? Wo täuschst oder machst du dir selber etwas vor? Was machst du dir vor? Ist das wirklich wahr? Das, was dich in Aufregung versetzt möchte von dir angeschaut werden.

ABLEHNUNG & AUSSCHLUSS

Fühlst du dich abgelehnt oder ausgeschlossen? Frage dich: Was genau lehnst du bei dir selber ab? Schliesst du bei dir selber aus? So auch bei anderen. Beide Antworten führen dich zu wichtigen

Erkenntnissen. Wo lehnst du dich selber ab? Was verurteilst du bei dir selbst? Manchmal hilft es, zu schauen, was dich beim Gegenüber stört. Was du dort ablehnst. Das kann dich direkt zu dir führen. Beispiel: Du findest etwas hässlich. Dann schaue, was verhindert, dass du das wertvolle darin finden kannst? Oder was genau findest du hässlich bei dir und anderen, sodass du es nicht anerkennen kannst? Es ist eine Frage der Perspektive. Alles dient als Möglichkeit der Reflektion.

VERURTEILUNG & BEURTEILUNG

Wir sind in unserem Erdendasein konditioniert und trainiert, alles und jeden zu beurteilen, zu bewerten. Es ist gesellschaftlich etabliert. Doch das wahre, natürliche Sein kennt keine Wertungen. Es ist, was es ist, völlig unaufgeregt, unscheinbar.

Wenn du dich verurteilt fühlst, frage dich: Wo verurteilst du dich selbst? Was verurteilst du bei dir selbst? Wofür verurteilst du dich selbst? Was verurteilst du bei dir, so auch an und bei anderen?

KRITIK

Das Wort wird inzwischen ziemlich missbraucht. Da kommen dann Sätze von Leuten, die sagen: „Ich weiß dich als Person wirklich sehr zu schätzen, aber ..." Das können fiese, kleine Fettnäpfchen sein, in die wir reintappen können. Meist ein ausgeklügeltes, verfeinertes Spiel der Manipulation. Wo es am Ende darum geht, dass jemand Recht hat und bekommt. Oder, wo sich ein voreingenommenes Bild (Vorurteil) bestätigen kann.

Kritik als Form für eine sachliche Auseinandersetzung verändert den Fokus. Ein aufrichtiges Kritisch sein stellt Fragen und Nachfragen und ist immer auf die Sachlage bezogen. Was dem Nachdenken hilft, um Verbesserungen vorzunehmen. Oder ein Vorwärtskommen zu generieren. Doch grundsätzlich gilt auch hier: Wo und was kritisierst du bei dir selbst? Du kannst das, was du bei anderen kritisierst, als Hinweis nehmen für dich. Besser gesagt, als Antwort für dich nutzen. Wo gehst du mit dir selber kritisch um. Ich habe gemerkt, dass ich Kritik nur so lange erfahre, wie ich gegenüber mir selber kritisch war und verurteilt habe. Als ich anfing diese Aspekte in mir zu akzeptieren und anzuerkennen, hat sich das Thema erledigt. Lektion gelernt.

KONFLIKTE & AUSEINANDERSETZUNGEN

Auseinandersetzungen helfen uns, die verschiedenen Anteile und Aspekte zu erkennen. Welche wir ablehnen, nicht wahrhaben oder akzeptieren wollen. Sie lassen uns mit den anstehenden Themen auseinandersetzen. Sie sind als absolut positiv zu betrachten, wenn wir schon bewerten. Sie dienen allen. Weil sich mit etwas auseinandergesetzt wird. Wir erweitern unseren Horizont.

Konflikte im Außen weisen auf Konflikte im Innen hin. Wo bist du mit dir im Konflikt? Mit was bist du, in dir, im Konflikt? Manchmal sind wir hin und hergerissen. Kopf (Verstand) und Herz (Gefühl) sagen etwas Unterschiedliches, um ein Beispiel zu nennen. Das ist so ein innerer Konflikt. Oder bei einigen bestimmten Personen magst du etwas und bei anderen magst du das Gleiche nicht. Das ist in Ordnung. Du hast Unterscheidungsvermögen entwickelt in der Qualität der Erscheinungen und wie sie durch ein verschiedenes Umfeld beeinflusst werden. Das ist mehr als okay. Das verdient Anerkennung und Wertschätzung.

VERZWEIFLUNG

Wenn du dich verzweifelt fühlst, dann gib dir die Erlaubnis, es zu sein, es sein zu dürfen. Es ist mehr als in Ordnung. Zweifel beinhalten auch zwei Seiten einer Sichtweise. Nimm dir die Zeit, die du brauchst, um dir Klarheit zu verschaffen, bist du sicher bist. Dann entscheide. Lass die Zeit für dich arbeiten, nimm dich zurück. Schenke dir die Erlaubnis dafür. Es ist in Ordnung und okay. Wenn du Zeit und Raum brauchst, dann sorge dafür, dass du ihn und sie dir holst. Hey, lass mir noch Zeit bis nächste Woche, zum Beispiel. Du musst nichts über den Zaun brechen. Manchmal erledigen Dinge sich von ganz alleine. Und ein anderes Mal braucht es Zeit, um diese Prozesse zu verarbeiten. Indem ich mir bewusst anschaue, was mich unsicher fühlen und sein lässt, kann ich Sicherheit gewinnen. Entscheide bewusst.

HOFFNUNG

Du bist, also sei! Da ist alles dabei. Du bist gut, wie du bist. Es ist wichtig, dass du das bewusst hast und auch in schwierigen Momenten erinnerst. Gleich, was passiert oder wo du drinsteckst. Du bist genau so gewollt, wie du bist. Sonst wäre es nicht so. Es erfüllt einem Sinn und Zweck. Es ist ein Lernfeld. In erster Linie für dich. Schenke dir die Zeit, die es braucht, um durch die Gefühle hindurchzugehen. Wenn dir zum Weinen ist, dann weine, wenn du wütend bist, sei wütend (am besten auf Papier, zumindest vorerst), wenn du Angst hast, dann habe Angst und nimm sie und dich in den Arm. Sei deine beste Freundin oder dein bester Freund. Du hast die Kraft. Du bist der Kapitän, die Kapitänin (Steuermann/Steuerfrau) deiner Gefühle. Du bist der/die Einzige, die sie kanalisieren kann. Erlaube sie dir wahrzunehmen, sie kennenzulernen, sie auszudrücken. Sodass du in die Lage kommst, sie zu steuern. Jede Erfahrung verhilft dir bewusst zu werden. Und ja, manche Situationen, Menschen bringen die schlimmste Version von uns Selbst zum Vorschein. Kein Grund, um es zu verurteilen. Anerkenne es und erteile dir die Erlaubnis, es als das zu nehmen, was es ist. Eine Erfahrung. Der gegenwärtige Ausdruck einer Seite, welcher dir zeigt, wo du gerade stehst. So kannst du bewusst lenken und entgegensteuern, wenn du es dir klar machst. Sei also du! Einfach du selbst! Dann ist alles in perfekter Ordnung.

Hoffnung bringt uns gerne dazu, dass wir das, was ist und sich zeigt, ausblenden, darüber hinweggehen, verdrängen, nicht wahrhaben wollen. So kraftvoll sind wir. Mit den Hoffnungen verknüpfen wir immer auch gewisse Vorstellungen, Erwartungen, Wünsche und Bedürfnisse. Manchmal sind wir so sehr mit diesen beschäftigt, dass wir vergessen, uns der gegenwärtigen Realität zu stellen und aktiv zu werden. Wir bleiben dann lieber in unseren Wunschvorstellungen und Hoffnungen, als das wir präsent sind und handeln. Dies ist eine andere Seite der großen Verführerin namens Hoffnung.

SCHWIERIGKEITEN UND SCHWIERIGE MENSCHEN

Es gibt keine schwierigen Menschen. Nur Schwierigkeiten im Umgang mit ihnen. In den Schwierigkeiten können wir immer auch die Möglichkeiten, Antworten und Lösungen finden. Wir dürfen also lernen, wie wir am besten damit umgehen. Das ist die Chance, Neues über dich und andere, sowie das Leben herauszufinden. Die Frage lautet: Was kann ich aus dieser Situation lernen?

Die Schwierigkeit ist immer auch eine Reflektion davon, was uns schwer fällt. Wo wir unsicher sind und nicht wirklich wissen, wie wir angemessen damit umgehen können. Betrachte es als Lern- und Übungsfeld. Probiere aus. Erfahrungen verhelfen uns Sicherheit und Wissen zu generieren. Jedes Hindernis, jede Schwierigkeit, jeder aufkommende Widerstand kann auch als Stufe der Überwindung genommen werden, um mehr Bewusstsein zu erlangen und zu wachsen. Eine Möglichkeit und Chance neue Wege zu finden, über sich selbst hinauszuwachsen, sich zu entwickeln, sodass es leichter wird.

VORURTEILE

Sind oft unsichtbare Annahmen, Bilder, Bewertungen und mehr, die unbewusst, bewusst und sehr hartnäckig wirken. Erlaube dir einen offenen Geist zu wahren. Wenn du dich dabei ertappst, wie du andere gerade be- oder verurteilst, ihnen eine Zuordnung gibst, dann liegt hier die Chance zu erkennen, wie du selber programmiert bist. Wo du vielleicht selber Urteile, Einschätzungen, Annahmen, Bilder übernommen hast. Erlaube dir das zu hinterfragen. Was verurteile ich vor? Bei mir und auch bei anderen? Wo habe ich vorab ein Urteil gefällt, ohne wirklich zu wissen? Was hält mich davon ab, mich diesen Erfahrungen zu öffnen? Du siehst, wir können uns immer neu kennenlernen. Also auf geht's. Es gibt so viel zu entdecken. Ist das nicht wunderbar?

UNSICHERHEIT

Es ist okay und in Ordnung, wenn du dich unsicher fühlst. Das ist wichtig, dass du das weißt. Es wirft einen Blick darauf, wo und was dich unsicher, instabil fühlen oder sein lässt. Das kann sehr unangenehme Gefühle und Gedanken auslösen. Das möchte angeschaut werden, sodass du Sicherheit gewinnen kannst. Ein Lernfeld. Die Chance zu lernen, herauszufinden, damit umzugehen und es bewusst handzuhaben. Schenke dir die Erlaubnis dafür. Wir orientieren uns nicht gerne an Sachen, die uns unsicher fühlen lassen, richtig? So wählen wir das, was uns Sicherheit verspricht. Doch so lernen wir nicht die Unsicherheit zu überwinden. Verunsicherung kann eine Einladung sein, um genauer hinzuschauen, sich einen Schritt zurückzunehmen und mal zu beobachten, wahrzunehmen. Was da alles bei und in mir stattfindet? Was an Gedanken, Gefühlen aufkommt, was sie auszulösen vermögen? Es dient unserem Kennenlernen. Hilfreich können die Fragen sein: Wo bin ich unsicher? Was macht mich unsicher? Das lässt dich wissen, was du brauchst, um dich sicher fühlen zu können. Was verschafft mir Sicherheit? Was lässt mich wirklich sicher und stark fühlen? Wo und wie fühle ich mich sicher? Schaue hin, erkenne es an. Es sind wichtige Erkenntnisse die uns ermutigen, uns dafür einzusetzen. Das lässt uns stark und sicher werden. Die Basis für unsere emotionale Stabilität, Sicherheit, Erfülltheit und Zufriedenheit bildet sich aus unseren Grundgefühlen und Grundbedürfnissen. Diese sollten anerkannt und geheilt werden und in Fluss kommen. Das gibt uns natürliche Sicherheit.

NICHT (GUT) GENUG FÜHLEN/NICHT GUT GENUG SEIN

Angst ist die Wurzel für unser Mangeldenken und eine sich daraus ergebende Mentalität („Nicht genug haben", „Nicht genug sein", „nicht gut genug fühlen", „nicht genug Wert sein, um anerkannt und geliebt zu sein"). Erwachsen aus dem Grundbedürfnis nach Dazugehörigkeit, Akzeptanz, Anerkennung, Wertschätzung, Zuwendung und Liebe. Wird dieses Grundbedürfnis nicht gestillt, erzeugt es Hunger. Hunger nach emotionaler Wärme und Geborgenheit, Zuwendung, Freundlichkeit, Mitgefühl, Verständnis und mehr. Aus Hunger wird Gier, die wir versuchen zu befriedigen. Gier erzeugt, dass wir nehmen, was wir kriegen können (Konsumieren). Auch, wenn es nicht exakt das ist, was wir wirklich auf der Seelischen, emotionalen, psychischen Ebene brauchen. Doch, wenn es das Einzige ist, was wir bekommen können, dann fangen wir an unser Bedürfnis, mit z. B. diesen materiellen Dingen, in Bezug zu setzen. Dies führt zu Illusionen, verzerrten Vorstellungen und Wahrnehmungen. Unbewusst, Bewusst. So entwickeln sich Irrtümer, Un-Verhältnisse, Ungleichheiten, Abhängigkeiten. Sichtbar durch Themen und Dynamiken wie, Macht und Ohnmacht, Kontrolle versus Vertrauen, Geben und Nehmen, Jäger und Gejagte, Opfer/Täter/Retter. Realitäten in denen wir leben, die wir erfahren, spielen, beobachten können. Schneller, Höher, Weiter, Besser, Schöner, Reicher, Mehr sind Ausdrucksweisen und entsprechen so einer Knappheit-Mentalität, einem Mangeldenken, dessen Wurzeln sich in den Energien der Angst finden. Pflegen wir diese Dynamiken und spielen sie bewusst und unbewusst aus, wachsen und verfestigen sie sich. Negativität, Unzufriedenheit und Pessimismus sind Folgeerscheinungen. Umso wichtiger es bewusst zu bekommen, um gegensteuern zu können. Jeder Mensch erfüllt eine wichtige Aufgabe und einen Zweck. Es liegt in der Macht und Kraft jedes Einzelnen, dem keine Erlaubnis zu geben und sich stark zu machen. Für mehr Miteinander, Freude, Teilen. Wenn du dich stark machst, können andere folgen. Der Fokus sollte auf Heilung und Gleichgewicht, dieser wirkenden Energien, liegen. Dazu müssen wir uns dessen bewusst werden, es anerkennen lernen. Es fängt bei dir an.

Fragen könnten sein: Wo fühlst du dich nicht gut genug? Was lässt dich nicht gut genug oder genug fühlen? Oder was ist nicht gut, gut genug? Wie äußert sich das? Die Antworten darauf sind wertvolle Erkenntnisse, die weiterbringen. Nimm sie dankbar an. Sie verschaffen dir Bewusstsein. Was machst du jetzt damit?

RESPEKTLOSIGKEIT

Wenn du dich respektlos behandelt fühlst, dann frage dich: Wo und was respektierst du bei dir selbst nicht? Wo fühlst du dich respektlos behandelt? Was ist für dich respektlos? Wie erfährst du Respektlosigkeit? Wo und was respektierst du an Anteilen in dir selbst nicht? Wie zeigst du dir selbst gegenüber Respekt? Respektierst du deine eigenen Anteile, Gefühle, Gedanken, Bedürfnisse, wenn sie versuchen zum Vorschein zu kommen?

Solange ich meinen Selbstwert nicht wirklich kannte, habe ich mich als nicht liebenswert und abgelehnt gefühlt, wenn andere Menschen sich nicht für mich entschieden, jemand anderen mir vorzogen, mich nicht hörten, verstanden oder richtig sahen. Es hat mich auf emotionaler, seelischer und psychischer Ebene tief getroffen und verletzt. So habe ich die Reflektionsmöglichkeit genutzt und entdeckt, dass ich mich sehr oft selber nicht für mein Sein, für meine Bedürfnisse und Gefühle entschieden habe. Weil ich es nicht angeschaut, erkennen und akzeptieren konnte. Folglich dessen habe ich es nicht wertgeschätzt. Ich habe nicht für mich und das, was mir wichtig ist gewählt, sondern für etwas anderes. Für andere Personen und das, was ihnen wichtig war. Dadurch habe ich mich selber übergangen und verletzt. Eine sehr schmerzhafte Erkenntnis und Lektion. Bitte, respektiere dich und was dich ausmacht. Anerkennende Ehrlichkeit ist eine der höchsten Ausdrucksformen von Respeckt.

IGNORANZ

Wenn so getan wird als ob man etwas nicht sieht, bemerkt und absichtlich wegschaut, dann kann das als sehr schmerzvoll erfahren werden. Es fühlt sich nie gut an. Es hinterlässt Spuren. Das Thema Verantwortung tragen und übernehmen kommt mit dieser Verhaltensweise sehr deutlich zum Vorschein. Für was stehe ich gerade?

Nimm es als Einladung und Reflektionsmöglichkeit. Wo ignorierst du etwas in dir? Vielleicht vehement? Was ignorierst du viel und leicht bei dir selbst? An Gefühlen, an Gedanken, an Gelüsten und Bedürfnissen? Was übersiehst du geflissentlich und gerne? Wo ignorierst du dich und dein eigenes Sein, so auch andere? Wo täuschst du etwas vor, ohne es bewusst zu haben?

Wenn du aufhörst, wegzuschauen, dich abzulenken und stattdessen deine Aufmerksamkeit zu dir richtest, verliert sich die Illusion der Ignoranz. Zumindest, was deinen Blickwinkel betrifft.

ICH HABE KEINE ZEIT

Du hast alle Zeit der Welt. Sie dauert so lange, wie sie dauert. Du hast genauso so viel Zeit, wie jeder andere auch. 24 h pro Tag. Es ist nur eine Frage der Priorisierung. Mit was, womit, wofür, mit wem und wie du sie ausfüllst. Mach dir das bitte klar. Du setzt diesen Fokus für dich. Niemand anderes. Und wenn du sagst, das stimmt nicht, andere bestimmen deine Zeit, dann sei ehrlich mit dir. Denn du bist die Person, die erlaubt, dass diese durch andere bestimmt wird. Wahrheit ist nicht immer leicht zu nehmen, stimmts?

DEN MUND VERBIETEN, NICHT FREI AUSDRÜCKEN DÜRFEN UND SCHLECHT NEIN SAGEN KÖNNEN

Wenn du das Gefühl hast, dass du dich nicht frei ausdrücken darfst, dir der Mund verboten wird, frage dich: Wo verbietest du dir selber, zu sprechen, dich zu äußern, frei auszudrücken? Wo verbietest du dir den Mund aufzumachen? Und wo verbietest du vielleicht anderen zu sprechen? Es kann wertvolle Erkenntnisse offenbaren. Sie dienen deinem Bewusstsein und Erkennen.

Wenn wir als Kind wiederholt Erfahrungen gesammelt haben, dass es keine Erlaubnis, keinen Platz und Raum für eigene Bedürfnisse, Emotionen und uns gibt, es nicht erwünscht ist sich frei auszudrücken, Gefühle zu haben, zu zeigen, sie rauszulassen, derweil andere ihre Emotionen, Bedürfnisse auf uns abliessen, dann lernen wir: Meine Gefühle und Bedürfnisse sind nicht wichtig. Sie sind nicht okay. Es ist nicht erwünscht und es gibt keinen Platz und Raum dafür. Daraus bildet sich die Annahme (Glaubenssatz), wenn ich den Raum und Platz für andere ihre Bedürfnisse und Gefühle halte, stelle ich ein ruhiges Umfeld für mich sicher. Denn ich werde als gut, brav und lieb erfahren. So entsteht Peoplepleasing. Ich stelle nicht nur andere Menschen zufrieden, sondern sorge dafür, dass mein Umfeld und andere Personen zufrieden mit mir und meinem Verhalten sind. Dieser entwickelten Verhaltensweise (Konditionierung) fällt es besonders schwer Nein zu sagen. Zu anderen, zu deren Erwartungen, Bedürfnissen und mehr. Die Reprogrammierung solcher Konditionierungen fängt damit an, dies zu erkennen. Anzuerkennen und sich selbst die Erlaubnis zu geben mehr Raum und Platz für das eigene einzugestehen. Das kann am Anfang sehr stressvoll sein, wenn du plötzlich Nein zu anderen sagst, weil du es nicht mehr für sie tun willst. Doch dieses Nein zu anderen ist ein Ja zu dir. Zu deinen eigenen Bedürfnissen, Gefühlen und das, was dir guttut. Je mehr du dir Raum, für deine eigenen Emotionen gibst, desto weniger tust du dies für andere, um sie zufriedenzustellen. Je mehr du dich darin übst, desto weniger fühlst du dich schuldig deswegen. Weil du erkennst, dass es sowas von in Ordnung ist. Ein Ausdruck von Wertschätzung und Selbstfürsorge.

Wenn du dich fragst: Bin ich dazu in der Lage? Habe ich das Vermögen? Kann ich das machen? Dann ist die Antwort in der Frage. Du bist in der Lage! Du hast das Vermögen! Du kannst das machen! Warum stellst du es in Frage?

AFFIRMATIONSBEISPIELE, DIE UNS HELFEN UND DIESE PROZESSE UNTERSTÜTZEN

Ich entlasse die Hoffnung auf etwas zu warten, was nicht in meiner Macht und Kraft liegt. Ich lass es los. Kraft meines Willens nehme ich mein Leben selber in die Hand und mache das Beste aus allem, was sich mir zeigt.

Es ist in Ordnung Gefühle und Bedürfnisse zu haben. Ich gebe mir die Erlaubnis sie anzuerkennen, kennenzulernen und auszudrücken.

Ich erlaube mir Zeit für mich zu nehmen, um mit mir zu sein, mich zu achten.

Es ist okay, erwünscht und sowas von in Ordnung, mich, meine Gefühle und Bedürfnisse frei auszudrücken.

Ich erkenne mich an. Ich liebe mich und unterstütze mich. Ich bin freundlich mit mir. Ich achte mich und alles, was sich mir zeigt.

Ich trage die Verantwortung für mich und mein Wohlbefinden. Ich allein bin dafür zuständig. Niemand anderes. So übernehme ich sie.

Was kann ich heute für mich tun? Stelle dir diese Frage und spüre nach.

Ich darf mich zeigen und zeige mich, wie ich bin. Ich bin sicher und geschützt.

Ich stehe mir bei. Ich stehe zu mir in all seinen Formen und Ausdrucksweisen.

Ich gebe mir die Erlaubnis, ich selbst zu sein, so wie ich bin. Das ist mehr als genug und sowas von okay.

Ich bin gewünscht, so wie ich bin. Wie sollte es anders sein. Denn nur so, wie ich bin, bin ich richtig und gut. Und gewollt. Ich bin.

BEI ALLEM HINSCHAUEN GILT: Gib dir die Erlaubnis, ehrlich mit dir zu sein. Freue dich darüber, wenn du etwas erkennen darfst. Das ist wichtig und wesentlich. Es sind Lektionen in Bescheidenheit. Es hilft niemandem, wenn du dich beschämst oder verurteilst. Es ist dann lediglich ein Indiz der Ablehnung und Nichtakzeptanz. Bleibe also freundlich mit dir und zu dir. Es ist, was es ist. Ein Lernfeld, eine Erfahrung. Nicht mehr und nicht weniger. Nur weil du Fehler machst, heißt das nicht, dass du ein Fehler oder fehl bist. Am Ende zählt nie, wie du es bewertet hast, sondern, was du daraus gemacht hast. Und Wertschätzung bedeutet nicht, dass ich alles toll finden muss, sondern zu unterscheiden vermag. Ich anerkenne für was etwas ist und steht. Ich habe bewusst oben aufgeführte Beispiele gewählt, weil uns diese am schwersten fallen. Wenn du etwas bei mir siehst, was du anerkennst und wertschätzt, dann erfüllt dies eine Spiegelbildfunktion für dich. Über dein eigenes Vermögen und Potential. Es hilft auch Unterscheidungsvermögen zu entwickeln. Denke bitte immer daran. Alles ist eine Reflektion von Aspekten deines Selbst. Wir erweitern und öffnen unseren Horizont, wenn wir anfangen, alles als Reflektion und Spiegel von Anteilen und Aspekten unseres Seins und Selbst zu erkennen. Dies gilt gleichermassen für das, was wir ablehnen oder anerkennen. Es dient der Bewusstwerdung und Akzeptanz von allem, was ist. Du entscheidest bewusst, welchen Energien du, in dir, mehr Aufmerksamkeit, Pflege und Wertschätzung zukommen lässt. Du entscheidest, von welcher Stelle einer Seite, du schaust oder handeln möchtest. Wo und was du sein möchtest.

Jedes Bewusstsein und Bewusstwerden eines Teilchens, eines Teilbereiches von uns, unserem Verhalten, entwickelten Charaktereigenschaften, Mustern, Identifikationen, Vorstellungen und mehr ist wie eine Klärung, eine Neutralisierung deines Energiefeldes. Je mehr wir es beleuchten, klären und neutralisieren, desto weniger haften wir an. Vergleichbar mit der Nanotechnologie, wo stark verkleinerte Partikelgrössen, bei Stoffen in Nano-form, zu grundlegenden Änderungen der physikalisch-chemischen Eigenschaften führt. Es generiert Vielseitigkeit und Flexibilität in der Einsetzbarkeit. Weil du in der Lage bist, Bezug auf alle Möglichkeiten, mit spezifischen Anforderungen, zu nehmen und dich darauf einzustellen.

Nachtrag

Kontrolle steht in Opposition zum Vertrauen. Beide zusammen ergeben ein Gegensatzpaar. Oft befinden wir uns an der einen oder der anderen Seite, von beiden. Wo stehst du? Oder wo würdest du dich zuordnen? Hier eine kleine Geschichte dazu.

AN EINER BRÜCKE AM FLUSS

Ich war mit meinen Kindern an einem Fluss. Eine Brücke führte über den Fluss mit seinen Strömungen. Ab und zu sahen wir jemanden von dieser Brücke hinunter ins Wasser springen. Es war schon ziemlich hoch. Meine Kinder (noch jung) fragten voller Begeisterung, ob sie auch runterspringen dürften. Da kam meine erste Angst auf. Ich sagte, das ist okay, wenn der nächste von dort runterspringt. Ich hatte Angst. Tausend kleine Gedanken, die auftauchten. Denn sie mussten zu dieser Ausgangsstelle schwimmen, wo wir lagerten. Die Strömung war da und ich hatte keine Ahnung, wie das rauskommt. Ich gewährte. Zwang mich im Vertrauen und da zu bleiben. Sie sprangen beide. Und beide haben es ans Ufer geschafft. Sie waren stolz und ich war stolz auf sie. Sie wollten nochmal und wieder und wieder. Ich habe gedacht, wenn die das können, kann ich das auch. So weit, so gut. Also gemeinsam auf die Brücke. Da ging die Post dann richtig für mich ab. Gefühlt tausende Ängste tauchten auf. Schossen wie ein Feuerwerk in meinem Kopf umher. Es handelte sich alles um das Thema Kontrolle. Ich war Mutter, hatte so viel Verantwortung zu tragen. Wenn ich sprang, konnte ich nichts kontrollieren. Das war ein rechter Akt. Meine Kinder taten alles, um mich zum Springen zu bewegen, während ich durch meine Ängste surfte. Sie hatten die Hoffnung schon aufgegeben und waren gelangweilt, da es so aussah, dass ich eh nicht springe. Mein Körper war so angespannt. So brauchte ich für die Kinder eine gefühlte Ewigkeit, für mich ca. eine halbe Stunde, bis ich endlich alles los und mich fallen ließ. Ich wagte den Sprung. Landete in der Strömung und platzte vor Stolz.

Das war ein total wichtiger Moment für mich. Es war wie eine Mutprobe für mich selbst.

Kontrolle beispielsweise über die Gefühle haben meint nicht, diese zu ignorieren, zu verdrängen, zu leugnen, darüber hinwegzugehen, runterzudrücken, zu vermeiden. Es ist total wichtig, dass wir durch sie durchgehen, sie bewusst wahrnehmen und ihre Kraft nutzen. Der Verstand will das meistens nicht mitmachen oder spielt uns diesbezüglich oft einen Streich. So lass dich nicht täuschen. Immer, wenn du denkst, dass du alles im Griff hast, kann es sein, dass du einer großen Täuschung unterliegst. Und es ist dir nicht bewusst.

Mit Selbstfürsorge ist nicht gemeint, dass ich mich an den Tisch setze, meine Zigaretten paffe, eine Flasche Wein runterspüle und eine Tonne Chips in mich hinein schaufele. Auch Selbstmitleid ist keine Selbstfürsorge, sondern entspricht eher einer Opferhaltung. Es ist okay, mal abzutauchen und eine Runde drin zu schwimmen, doch dann sollte es auch gut sein. Alle Ablenkungen, die mich das Alleinsein nicht spüren lassen, wie z. B. Alkoholexzesse, Fressattacken, Tratsch, Klatsch, Labern, mein Leid klagen – ohne wirklich und konkret etwas zu ändern, Sex, Medien, Substanzen, Aktivitäten, Arbeit etc., sind gängige Bewältigungsstrategien. Sie entsprechen dem Mainstream, versprechen Spaß, Nervenkitzel, stärken vielleicht unser Ego und heben unseren Selbstwert an. Doch sie verstärken und überdecken oft die eigentlichen Problematiken, die in Richtung Abhängigkeiten führen. So verfallen wir in Gewohnheiten und Verhaltensmuster, die ungesund für uns Menschen sind. Wir wissen es, doch egal, nur dieses eine Mal, woraus dann ein nächstes Mal wird und so fort. So wachsen wir immer mehr in ungesundes, nicht heilsames Verhalten hinein. Das ist nicht mit Selbstfürsorge gemeint. Auch, wenn manche dies ganz anders sehen.

Das Nach-innen-gehen und -zuwenden, sich seinen Anteilen widmen, benötigt Zeit, Ruhe, Stille und Raum für die Begegnung mit sich selbst. Das erfordert allein sein und sich diesen Raum, diese Zeit und Ruhe zu nehmen. Eine Investition in sich. Das meine ich mit Selbstfürsorge, Wertschätzung, Respekt.

Es ist eine Frage der Priorisierung und des Blickwinkels (Fokus). Eine Frage der Entscheidung. Was ist dir wichtig? Was ist für dich von Bedeutung?

Abschluss

Wir ALLE sind Herzschlag des Universums. Das Leben selbst ist ein Herzschlag des Universums. Was machen wir, wenn das Herz krank ist? Wir sollten uns darum kümmern. Richtig? Statt es zu vertuschen, zu bagatellisieren, runterzuspielen, zu beschönigen, abzutun, zu verdrängen, zu leugnen, zu ignorieren. Wir sollten anfangen, unsere Lebensweise zu verändern. Jeder Arzt wird dies zu einem herzkranken Patienten sagen. Es fängt also bei uns an. Bei jedem Einzelnen. Alles, was es braucht, ist mehr Achtsamkeit, Wertschätzung, Respekt, Liebe und Mitgefühl dem Leben, unserem Leben gegenüber. Für uns selbst, für andere, für die Natur und Umgebung, die uns versorgt und nährt. Damit sich das Herz wieder erholen und gesunden kann. Jeder einzelne Mensch ist gefordert, sich dem zu verpflichten. Jeder Einzelne steht in der Verantwortung. Nämlich in der Verantwortung seiner eigens getroffenen Entscheidung. Für seine Handlungen, seine Gedanken, seine Worte, seine Aktionen und Reaktionen, seinem Verhalten. Es fängt immer bei dir an, in dir. Was sich im Außen widerspiegelt. Du kannst jederzeit deinen Fokus ändern. Und ja, wenn du es tust und dich stark machst, können andere nachfolgen. Wenn du es nicht tust, können sie es ebenso. Du bist also wichtig. Jeder Einzelne ist wichtig und erfüllt eine wichtige Aufgabe und Funktion, hier im Fluss des Lebens. Und jeder einzelne ist so machtvoll, dass er oder sie es bewusst lenken kann. Doch dafür müssen wir bewusst sein. Bewusstsein ist alles. Es ist das Herz des Universums.

Liebe und Frieden mit DIR und ALLEN/ALLEM. Nimm was du brauchst, das Take Away für die Seele

Die Autorin

Manuela Schoneveld wurde 1970 in Deutschland geboren. Schon als Kind und Jugendliche begann sie, sich für die „Dinge hinter den Dingen" – zwischenmenschliche Dynamiken, übergeordnete Gesetzmäßigkeiten und tiefenpsychologische Zusammenhänge – zu interessieren. 2005 bis 2009 Ausbildung zur gestalttherapeutischen Supervisorin und Bachelorstudium in sozialer Arbeit & Pädagogik. 2012 bis 2013 Studium Pädagogik für Vermittlung Sozialer Kompetenzen und Gewaltprävention. 2017 bis 2019 Masterstudium Kommunikations-, Arbeits-, Betriebs- und Organisationspsychologie. Ihr beruflicher Werdegang umfasst verschiedene berufliche Tätigkeiten, bis hin zur Führungskraft mit breitgefächerter Erfahrung u.a. in den Bereichen Kommunikation, Bildung, psychosoziale Beratung, Soziale Arbeit. Seit 2018 freiberufliche Tätigkeit in den Bereichen Supervision, Coaching, Familienarbeit, Trainings mit Schwerpunkten Kommunikation, Konfliktmanagement und Sozialkompetenz.

novum VERLAG FÜR NEUAUTOREN

Der Verlag

*Wer aufhört
besser zu werden,
hat aufgehört
gut zu sein!*

Basierend auf diesem Motto ist es dem novum Verlag
ein Anliegen, neue Manuskripte aufzuspüren, zu ver-
öffentlichen und deren Autoren langfristig zu fördern.
Mittlerweile gilt der 1997 gegründete und mehrfach
prämierte Verlag als Spezialist für Neuautoren in
Deutschland, Österreich und der Schweiz.

**Für jedes neue Manuskript wird innerhalb
weniger Wochen eine kostenfreie, unverbind-
liche Lektorats-Prüfung erstellt.**

Weitere Informationen zum Verlag und
seinen Büchern finden Sie im Internet unter:

www.novumverlag.com